老窮奇幻紀事

臺灣底層社會的崩壞人生與求生邏輯

呂苡榕——著

目次

序 005
第一章：阿健打官司 012
第二章：福利的局外人 046
第三章：臺北車站的日與夜 080
第四章：罪與罰，與窮 114

攝影：鄒保祥

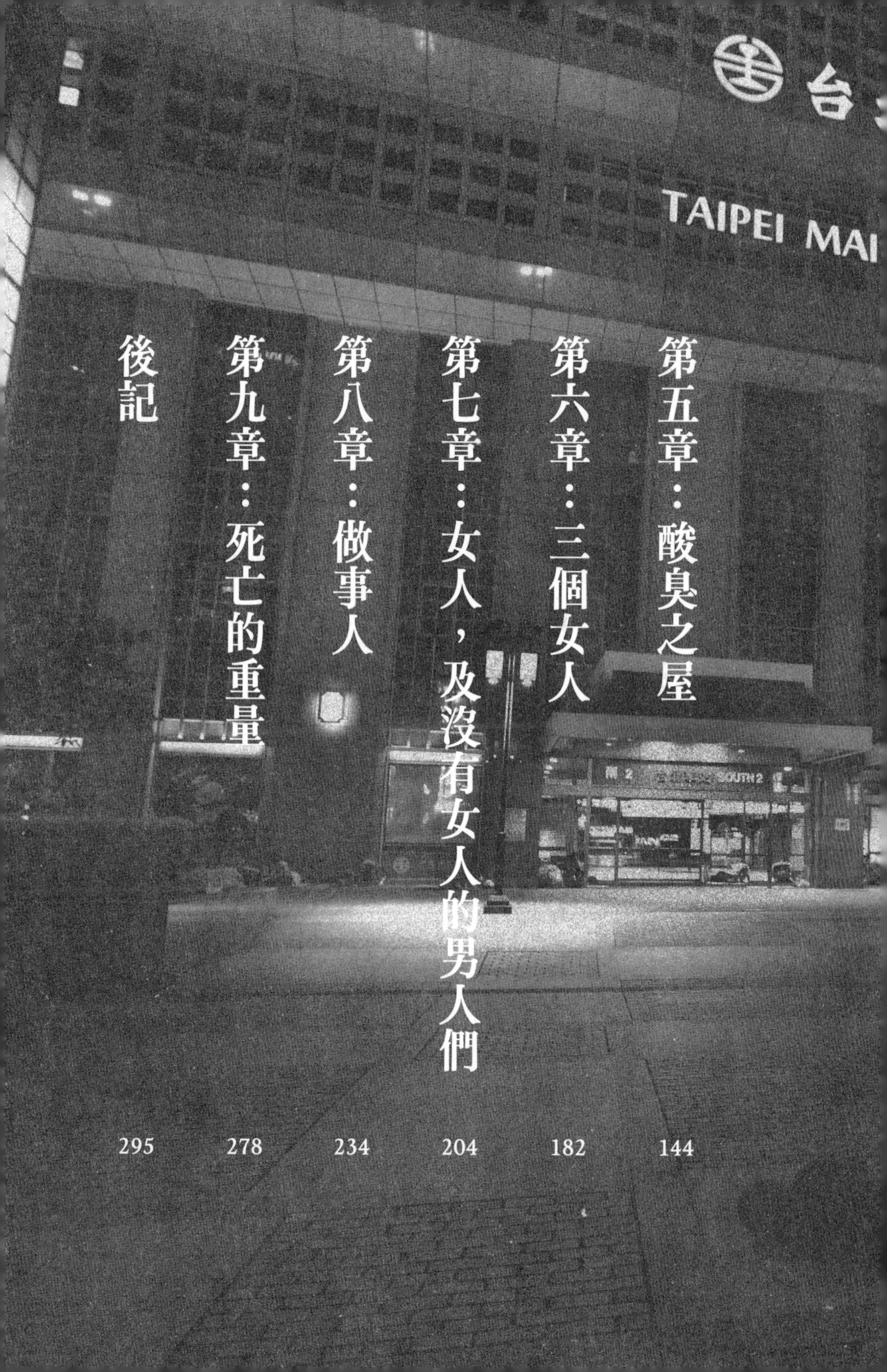

第五章：酸臭之屋 144
第六章：三個女人 182
第七章：女人，及沒有女人的男人們 204
第八章：做事人 234
第九章：死亡的重量 278
後記 295

序

二〇二〇年我站在阿生[1]租屋處的巷弄——從巷口看不見阿生住的那幢破屋，得走進巷子，再繞上幾個彎，才能瞧見巷底深處通往阿生委身之處的洞口——猶豫著要怎麼和第一眼見著的陌生人搭訕，開啟一段訪問。插在口袋裡的手正在冒汗。這是老齡貧窮這個系列主題的第一步。

隨著踏進巷子的腳步，越靠近阿生的租屋處，氣味越加濃烈，那是一般日常生活中不曾遭遇過的味道：尿騷味混雜廚餘和菸味，還有死老鼠屍體的腐味。第一次踏足此地，我還無法習慣這混濁且縈繞不去的氣息，走出巷子後忍不住大口呼吸，即便馬路上充滿車輛廢氣，也比阿生的雅房好聞許多。嗅覺在鼻腔停留許久，象徵的不僅僅是破屋的頹敗，更反映了整體生活的艱難，「如果可以選，誰要住在這？」阿生曾這樣跟我說。

沒得選的人，在這裡怎麼活——這搖搖欲墜的爛屋引起我的好奇，隨著採訪次數增加，我

---

1 本書部分受訪者使用化名，以保護個人隱私。

認識了阿生、阿生的二房東坤伯，以及這棟房子裡的其他租客。他們帶我熟悉圍繞著老齡貧窮者的社會支持系統，包括民間團體提供的居家清潔、喪葬服務。讓我理解，貧窮並不只是「一個狀態」，還有以此為核心而生的社會關係；更重要的是，老齡貧窮並不只有「可憐」這單一面向，更多是困窘中的韌性，以及處處限制的環境裡，彼此的相互協作。

生活裡滿是屏障，讓他們宛若陷在「軟禁」狀態，總是「沒得選」。這些屏障源於他們手中的資源與選項有限，導致這些人被框限在破敗空間裡，喪失對各種生活瑣事的自主權。面對人生難題時，只能在少數幾個解決方案裡猶豫，想方設法在諸多限制裡活下去。而不管選了哪個選項，都難以讓生活好轉。

選擇變少，一是因為邁入老齡，不可避免碰上生理機能下降，無法負擔過多勞動，若再搭配貧窮這一變項，沒有足夠的退休金或儲蓄支撐老年生活，就必須持續勞動才能勉力維持生活。這時他們只能靠著都市對低階勞動力的需求，做一些例如舉牌、出陣頭、抬棺等工作，來換取收入。底層勞動市場只有高勞力密集、高工時和低工資、低保障的選擇。但這殘酷裡兼具寬容，它們同時也是生理限制最少的工作，容許老早被勞動力市場拋棄的高齡者在此工作，藉以換取收入。

八十歲、喉嚨因病開刀無法正常說話的阿健，流落街頭前還在做舉牌工，靠著比手畫腳和工頭互動；中風過的志學無法再當貨車司機，透過安置中心的室友介紹，每天拖著腳步，讓冷風推著他的背，蹣跚走到派報公司，再由老闆載他到定點舉牌。一天十小時的工作，將時間變成金錢，換取一日八百塊的薪資，和接下來的兩餐溫飽。

他們站在街頭如隱形人一般，被城市漠視，被來往人潮忽略，安靜地融入街景成為空間的點綴，讓人忘記街角正有個生命在為生存而努力。但底層勞動市場就和老齡貧窮一樣極其脆弱，當世界颳起颶風，它們首當其衝。

二是逃離無止境低階勞動的方式同樣有限，幾乎只剩請求國家伸出援手一途。在此，國家為主體的社政體系扮演了翻江倒海的角色，它規範了資源該如何輸送，以及怎樣的人才能獲得政府協助，夠老、夠窮、夠孤獨……條件之嚴苛，讓臺灣的低收入戶人口數二〇二三年在帳面上僅有二十八萬八千人，占總人口的百分之一．二五。和其他國家的貧窮率相比，鄰近日本和韓國的貧窮率約為百分之十五，而臺灣卻看似只有百分之一．三，不到日韓的十分之一[2]。

在老齡貧窮者和社會福利間，擋著希臘神話裡的魔物史芬克斯，為企圖申請社會福利的人提出幾道難題，那些無法通過考驗的人，淪為福利制度的局外人。第一道難題是年紀，街頭上

2〈貧窮台灣／10個關鍵數字　看台灣人為何陷入「體感貧窮」？〉，聯合新聞網，二〇二三年九月三日。

最常聽到的魔幻數字是「六十五」，因為所有十六歲以上、未滿六十五歲的人，在國家的眼中都是一個勞動力——除非正在就學，或是身心障礙，否則就應該獻出你的勞動力——既然是勞動力，就會有勞動所得，因此未滿六十五歲的人，不論實質就業與否，都會被國家認定有一筆「虛擬所得」，以各職類每人每月平均經常性薪資或基本工資核算。這筆不存在的收入，大大限制了取得社福資源的機會。只有跨過六十五歲，才能卸下作為一個勞動力這巨大的包袱，拿到申請社會福利的入場券。

「六十五歲生日，也是他們重生的日子。」一個社工笑著跟我說。只要跨過這年齡門檻，個案才有機會多出一個選項——申請社福身分，攀著這細如蜘蛛絲的機會之繩，過上稍微穩固的生活。

史芬克斯的第二道難題是家庭，傳統的家庭互助網被看作每個人都有的標準配備，除非這道安全網蕩然無存，否則國家不會輕易出手。因此想要得到社會福利資源，必須透過司法途徑閹割掉個人的人際網絡，證明自己足夠孤苦無依，才有資格被救濟。於是協助老齡貧窮者的社工，其中一項業務便是陪著個案打官司告自己的子女。

街頭每每出現一張新面孔，老張哥首先要問的是年齡，若是到了可以申請福利身分的歲數，再來問的便是有沒有子女？要不要走給付扶養費的訴訟？一列清單在他的腦海中，逐一打勾的選項最後通達的是社會福利的康莊大道，待國家接手，將人帶離街頭。

第三個關卡與居住有關。一個人得先擁有住處和戶籍，才能申請該地方政府的社會福利，偏偏臺灣的租屋市場明目張膽的歧視就擺在檯面上，有些房東連四十五歲以上的房客都嫌年紀大，更何況是六十五歲以上的長者，一不小心在屋裡過世，豈不影響房價。

和勞動力市場一樣，老齡貧窮者最終只能揀一些安全與環境皆不佳，但不嫌棄老齡者的出租物件——像是阿生租的那幢爛屋。年紀和經濟成為兩道鎖，再次把人軟禁在無從選擇的處境裡，用最少的資源承擔最高的生存風險。

他們經歷的日常看似遙遠，其實與一般人十分接近。尤其在白領中產向下流動，過去十年薪資成長停滯和老年退休保障不足等因素夾殺下，即使努力工作到退休，仍可能被命運找上，一不小心就落入經濟困境。

和老張哥走在臺北車站外頭人行道上，他會抬抬下巴示意我看向某處，告訴我窩在路邊的一位無家者曾是公務員，還有個剛來的新面孔，曾經是護理人員。甚至還有幾個曾經呼風喚雨的大老闆，如今也都在街上。

即使是穩定工作到屆臨退休，也可能因為長期低薪，生活成本卻越來越高，房貸、子女教養費的支出占去九成以上的收入，不斷勞動卻只剩貧窮，導致退休後沒有足夠的存款維持老年生活開銷，老不起的未來，只得持續工作換取生活所需。社工和我分享月薪逼近六萬的白領，都會因為無力將老父送去養護機構，只能先把老父放在騎樓邊的輪椅上，「我覺得那簡直是以後的我。」社工聲線顫抖。

看著他們臉孔，時常讓人感覺到，我與他們的距離，不過就差在「運氣」。越是了解他們的人生故事，越讓我背脊發涼，也越發理解大時代的浪潮、整體產業經濟局勢，以及薪資結構變動等巨觀的背景因素，隨時能將一個人碾壓過去，吞噬掉平靜的日常，讓人從一帆風順落入萬丈深淵。大浪襲來無人能躲。

二〇二五年，臺灣即將邁入超高齡化社會，老年人口占比超過總人口數的百分之二十。政策隨人口結構改變而調整，公共資源的分配開始往長照、中高齡二度就業獎勵等項目流去。這些轉變在在提醒著高齡時代，人們該如何兼顧尊嚴與優雅地老去。然而，高齡人口增加統計數字裡也反映出老齡貧窮現象正蔓延：六十五歲以上低收入戶人數從二〇一一年的二萬五千二百七十七人，上升至二〇二二年的四萬五千六百七十八人，翻倍成長[3]。

數字描繪的是抽象的概念，站在人口結構變動的震央，老齡貧窮者只偶爾現出微微佝僂的身影，卻鮮少被具體勾勒出他們落魄的暮年。但那模糊的影子像是預言，可能是每個人都將遭遇的有朝一日。

這片土地看似富裕，其上的痛苦與貧困仍一望無際，但他們也不盡然只剩悲情。穿梭其間的人際網絡，脆弱卻又強韌地擔負起支持作用。固定到車站附近送餐的善心人士，在老張哥的安排下，井然有序地訂出送餐排程，分散到週間各日，維持著最基本的溫飽。二〇二三年，老張哥熟識的社工、醫師，組成街頭家醫，固定在街頭巡迴，為無家者做簡單的醫療處置，降低延誤治療的風險。

貧窮如此不堪，但身處其中，卻能窺見人的堅強超乎想像。生活窘迫，他們仍然咬牙走著漫漫長路，奮力把日子過下去。文字所能描繪的，不過是他們日常的十分之一，本書試圖記錄下這些人的日常，捕捉他們拒絕屈服於困苦的身影，呈現他們如何活著，為他們空白的臉孔添加血肉與生命軌跡。

3 〈貧窮台灣／10個關鍵數字　看台灣人為何陷入「體感貧窮」？〉，聯合新聞網，二〇二三年九月三日。

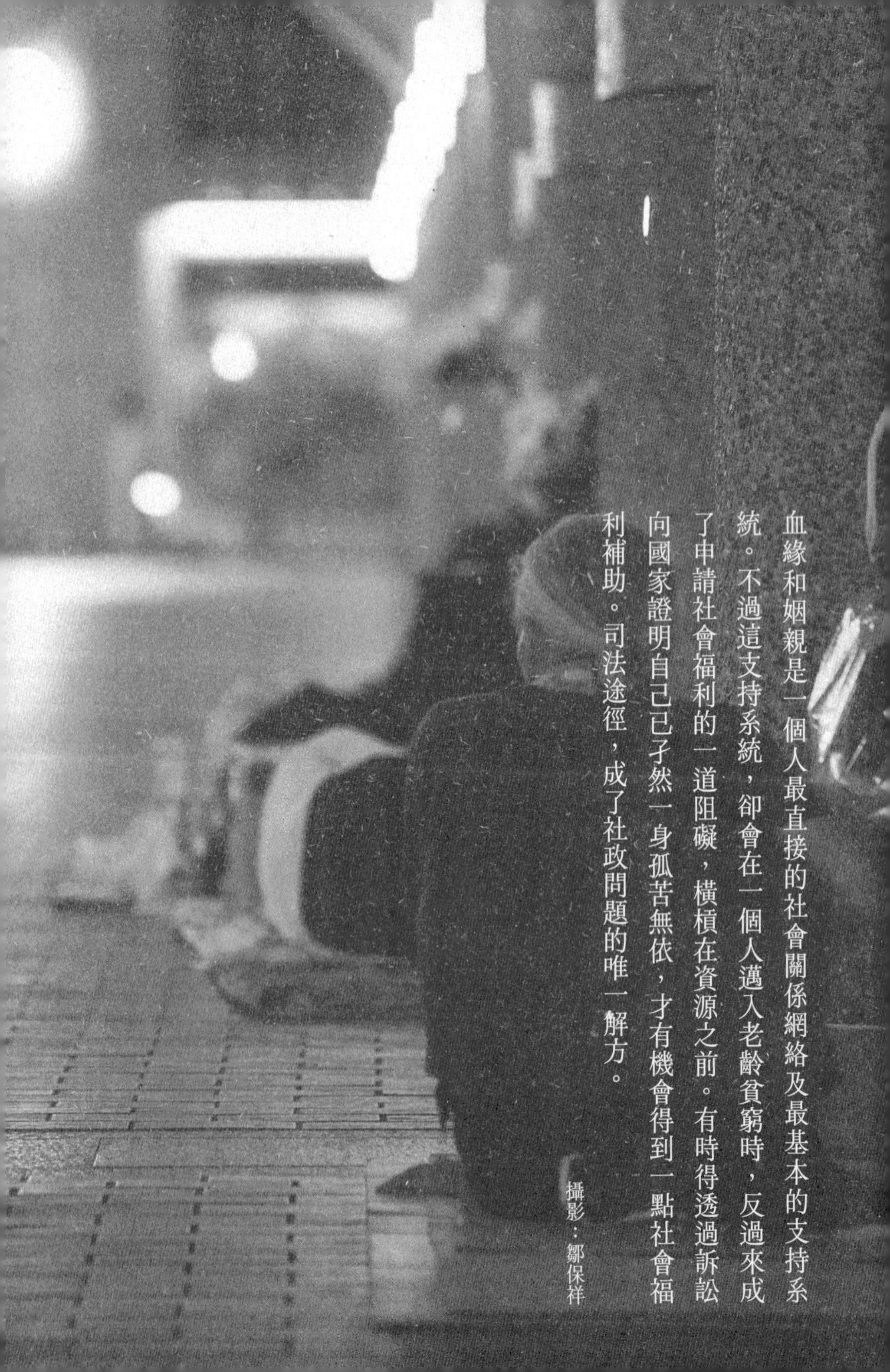

血緣和姻親是一個人最直接的社會關係網絡及最基本的支持系統。不過這支持系統，卻會在一個人邁入老齡貧窮時，反過來成了申請社會福利的一道阻礙，橫槓在資源之前。有時得透過訴訟向國家證明自己已孑然一身孤苦無依，才有機會得到一點社會福利補助。司法途徑，成了社政問題的唯一解方。

攝影：鄒保祥

第一章 阿健打官司

老張哥頂著一頭亂糟糟的白髮，身上是熟悉的暗色排汗衫、運動外套和靛藍色厚棉褲，肩上斜掛著腰包，九點未到便出現在臺北車站。

臺北的春天像是沒能打定主意，有時冷冽如冬日尚未走遠，有時又像夏季太早出現，這天是個近似嚴冬的春天，寒峭穿透外衣。老張哥手裡習慣性地握著一杯便利商店熱咖啡——他每天只吃兩餐，早餐總要配一杯咖啡，直到傍晚才吃第二頓。

雖然已年過七十，還動過幾次心臟手術、裝了支架，老張哥咖啡總愛加糖，日日抽掉一包菸。每回被問到健康問題，他總一臉滿不在乎的樣，搠了搠頭：「哎呀，死就死了，我不管那些。」

他曾在北側大門與路旁公車站之間的花圃邊露宿，當了幾個月無家者。如今有了租屋處，仍掛心不下這裡，每日到車站兜兜轉轉，週末也不缺席。他說人老了會怕寂寞，待在家不如來這兒。

老張哥像是「盯著臺北車站的一雙眼」，睡在東南西北四方位、約莫一百五十名的無家者，他全叫得出名字，知道誰在哪打工、誰有家人子女，誰又無依無根。每逢有新來的「同學」，老張哥總會坐在路邊觀察個三、四天，再慢慢地和對方攀談，問他來自何方、姓啥名誰，要不要便當或睡袋，等熟了起來，老張哥心裡判斷「是時候了」，便會請對方掏出身分證件讓他拍張照，接著把蒐羅到的資訊和證件照都傳給臺北市社會局的社工，讓社工去查查新同學的相關背景，再看看下一步能提供什麼資源。

跟著他繞行臺北車站一圈，別人十幾分鐘便能走完的路程，他得走上半小時。走沒幾步路就得停下腳步，問問斜倚在牆邊的人要不要新的褲子？晚點拿一件給他；或是告誡一下公車站候車長椅上的人，身側的手推車不要放太多東西，被路人看見又要遭到檢舉，搞得大家都不好過。

此時他身邊站著一名同樣握著咖啡的臺北市萬華區社會福利中心社工，身著方便行動的運動風長褲，聳著肩把脖子藏進外套領口內。老張哥朝我點個頭，匆匆介紹一下身邊的社工。

我和老張哥已在車站見過好幾次，他是我採訪老齡貧窮議題時碰到的第一個受訪者，我們在臺北市社福中心的辦公室碰面，窩在塞著舊沙發的小會議室裡聊了一下午，他談著自己的故事：如何一帆風順，又如何跌到谷底，「老天要你倒下，你怎麼死的都不知道，就垮了。」

那天下午他提起自己也曾流浪，如今會在臺北車站幫著無家者們處理大小事。這句話讓我眼睛一亮，我們總需要個引路人，帶領採訪者走入田野。老張哥適時擔任起這個角色，我不時到臺北車站周邊找他，我們總坐在車站周邊四通八達的各路出口外閒扯，從他身邊輻射出的人際網絡中尋覓下一個受訪對象。

二〇二一年春天，是我頭次跟他出任務。那天早晨老張哥和社工疾步往車站東側走去，預備去探望勇伯，看看他即將啟程前往榮民之家的文件是否備齊，需不需要幫忙代墊車錢。

一路上老張哥跟社工簡短說明勇伯的概況：七十幾歲的老人，退伍軍人。有三個子女，在街頭浪跡一陣。勇伯曾經因酒駕被取消公職人員的退休福利，現在子女會按月匯給勇伯一點零用錢過日子。

勇伯常喝醉了就倒在車站附近的客運候車室外，他身上有錢買酒，只要謹慎地算計每日花費，也總能撐得半醉半飽，比起許多無家者算過得奢侈，因此身邊常圍繞著一群人，吆喝著讓他請客。

社工和老張哥都不清楚勇伯為何沒和子女同住，「他不想講，我也不會多問。」老張哥頓了頓又補上一句：「我跟你說，會來這裡的喔，都是人生遇到某種困難的人。有家不一定歸得。像我自己，就是還沒做好心理準備（回家）。」

勇伯尚未起身，橫躺在地臉朝牆面，被社工搖醒後，抖著手從擺在後腦勺附近的大布包裡掏出一疊塞在透明資料夾裡的紙片，上頭有他的身分文件與各種資料。社工和老張哥翻了幾頁，猜想勇伯應該能順利「脫遊」——脫離遊民生活。

社工從那疊文件裡抬起眼，問勇伯缺不缺到榮家的路費，勇伯晃了晃腦袋，大約是不用的意思。社工鬆口氣，拍了拍勇伯的肩，叫他少喝兩杯。辦完勇伯的事，社工和老張哥踱到路旁扯幾句閒話。老張哥一邊熟練地從腰包裡抽出菸遞給社工，一邊談起另一個睡在離車站稍遠處的無家者——一天早晨被人發現僵死在報紙和棉被堆成的臥鋪裡。

「前一天我還問他要不要看醫生，他看起來就很糟的樣子。」老張哥深深地吸了一口菸，再緩緩吐出一大片白。菸抽得很快，一下只剩半截。「隔天再去看，他就死了。」幾個第一時間發現死者的人報了警，跟著去警局做筆錄，折騰了一整天。

社工點點頭，沒多說什麼，生死在街頭並不罕見。而今晨，勇伯的事讓社工心滿意足，死亡也不能打擾這份欣慰。

只是到了下禮拜，他們會發現勇伯仍在原地沒走，依舊醉醺醺地躺在路邊。細細一查才發現，勇伯根本沒申請榮民之家。這是路上常見的輪迴——計畫著要離開，卻怎麼也沒走成，或總算有了去處，沒多久人又回到街邊。但這天，他們都相信勇伯能到一個頭頂有屋瓦的地方，過另一種晚年。

處理完勇伯的事，社工揮揮手先行離開，老張哥放慢腳步踱至車站外的廣場邊上，氣溫隨著時間升高許多，往來的通勤人潮、拖著行李東張西望的旅客在車站前交錯。一夥無家者往老張哥身邊聚了上來，七嘴八舌地閒聊一陣。背著小布包，一頭短髮的朱姨蹙著眉悄悄地靠了過來，大夥瞥見朱姨，逐個安靜下來，老張哥抬頭望了朱姨一眼，問她找到阿健沒？

個頭本就不高的朱姨，一臉愁苦讓她看起來更嬌小。朱姨帶著問事的表情和老張哥聊了起來，原本瞎扯淡的氛圍瞬間轉為凝重沉悶，老張哥周邊那群男性無家者們讀懂空氣裡「談事情」的符號，識趣地各自散開。

朱姨口中的「阿健」，是最近剛來到車站的新手住戶，阿健剛到北車的時候，老張哥就注意到這人，突出的身高頂著滿頭白髮，喉嚨上有個黑濁的小窟窿。窟窿是阿健早年開刀留下的痕跡，這傷疤讓他聲帶受損，表達困難，只能透過單音節的氣音搭配上手勢與人溝通。

雖已八十歲，阿健依舊會每天買一罐米酒，倒進寶特瓶裡兌水喝，因此常被朱姨和老張哥叨念。老張哥不喜歡有人飲酒，在路上流浪，喝酒是毫無益處的行為，既浪費錢，還影響勞動能力，又容易猝死，搞得身邊的人得報警做筆錄，耗上一整天。但每每被兩人責罵，阿健只是面無表情地望向他方。

阿健年輕時念工程，設計過水上樂園的雲霄飛車。談起過往，阿健會舉起手掌做出飛車爬升俯衝的模樣跟我解釋他的工作內容，喉頭的窟窿跟著發出咻咻的氣音。

雖然退休時領了幾百萬退休金，但六十歲左右生病開了刀，積蓄全花在醫療，還有喝酒、賭博，早已用罄。

他的大兒子已有自己的家庭，過得並不如意，早早就和阿健斷了聯繫。本來阿健和二兒子一起住，四、五年前二兒子因為毒品問題入監服刑，阿健只能一個人租屋，週末去舉牌打工。

上工前雇主會把阿健載到定點，將房地產廣告的牌子綁在路邊電線桿上，阿健就守著廣告牌一整天，一次賺八百元。這工作並不輕鬆，得整日頂著烈日或風雨，但這卻是高齡者少數能進入的勞動，既不需要技術、也幾乎沒有生理上的限制。

不少街頭的無家者，沒有任何福利補助，因此落在社會安全網之外。舉牌這類的零工多少給了他們一點收入。阿健的手頭還算寬裕，他有舉牌工作的收入，再加上身心障礙補助，勉強打平生活支出。但這零工同時也異常脆弱，外界的風吹草動，都能影響這份工作。

二〇一九年十二月，中國湖北省武漢市出現不明原因病毒性肺炎病例，隔年病原體初步判定為新型冠狀病毒。三月十一日，福島核災十週年，世界衛生組織正式將新型冠狀病毒肺炎定調為全球大流行，到了六月，全球總病例數突破五百萬。各國為了防止病毒傳播，紛紛祭出社交距離規範，邊境管制也趨於嚴格，跨國移動幾乎停擺，國際貨幣基金組織（IMF）警告稱，全世界可能會面臨自一九三〇年代大蕭條（the Great Depression）以來最嚴重的經濟衰退。

新冠肺炎爆發的頭兩年，世界的日常被打亂，舉牌工作漸漸變少，加上阿健年紀大，身體也不好，老闆怕他上工時出意外，不敢再聘他。少了零工收入，阿健沒錢付房租，社工原本安排阿健去安置中心，只是人都走到安置中心門口，但阿健朝裡頭看了一眼，害怕住進去後不能隨心喝酒、外出，搖頭不願待著，社工只能作罷。

做無家者服務多年，社工對阿健的選擇倒是十分理解，「阿健有身心障礙補助，一個月幾千塊，但如果要公費安置，現金補助就會取消，因為福利不能重複領取。」當一個人手中可分配的資產就只有一點點，自由或許比屋簷更重要。「我們不能用我們的想法去質疑別人的選擇，你覺得有得住比較好，但對有些人來說，睡在街頭自在許多，有錢買酒喝、能抽菸，他可能覺得這樣更好。」社工說得委婉。

但自由有價。阿健沒錢付房租，被房東趕出來，無處可去。二〇二一年春天，阿健拖著塞滿家當的行李箱，開始住到車站外頭。

朱姨和阿健非親非故，兩人是因小孩而熟識。朱姨也有兩個兒子，其中一個與阿健的二兒子是國中同學。朱姨的兒子念書時曾被欺負，阿健的二兒子出手相助，多年以後兩人的兒子還是好友。

朱姨的兒子現在都各自成家，一個在北部、一個在中部。住中部的兒子，便是阿健次子的同窗，得知好友入獄，父親還流落街頭，便請住在臺北的媽媽幫忙照看阿健。朱姨受兒子所託，在臺北街頭尋人，她先是到萬華尋阿健，「找了好幾天沒找到，後來才到臺北車站，一下便找到了。」

兩個孩子不在身邊，如今阿健反而像朱姨第三個孩子似的，朱姨一個禮拜會來臺北車站三、四次，從她新北市的租屋處搭公車悠晃到車站來尋阿健，找不到人時，朱姨會坐在車站大廳和無家者們有一搭沒一搭地閒聊，等著阿健出現。

她還會把阿健的髒衣服帶回去洗乾淨，幫收著阿健的藥包，傍晚時蹭到他身畔提醒阿健服藥。阿健有時騎著那臺幾乎快解體的破機車亂跑，有次出車禍，朱姨大嘆一口氣，一邊跟我埋怨阿健都一把年紀了、身體又不好，還自己騎車到處亂竄，萬一發生意外怎麼辦？

但朱姨還是幫阿健付了修車費，「我威脅他要把證件壓在我這邊，我才要幫他付錢。」朱姨神祕地從隨身小包裡抽出阿健的身分證給我看，接著說扣押證件只是為了讓阿健不會亂跑，才不會讓人找不著。阿健雖然像個叛逆期的孩子，有時一臉漠然地應對朱姨，但在大事上，阿健倒是都聽朱姨的。

也有人狐疑過朱姨是不是圖阿健什麼，不信朱姨只是受兒子之託來照顧故友的老父才這麼盡心。但日子一久，周圍的人發現朱姨的目的的確單純，閒言停歇，臺北車站的無家者們漸漸習慣朱姨和阿健這對組合，有些打零工下班回到車站的無家者，也會邊捧著便當邊坐在朱姨身側和她閒聊，兩人面前如果再擺上一臺電視，那光景簡直就像一般人家的晚餐時刻。

阿健無故消失了幾日。朱姨急得天天在車站周邊徘徊尋人。老張哥後來告訴我，原來阿健窩在速食店裡打發白日的時間，這才讓朱姨找不著。

朱姨會這麼急著尋阿健，是因為阿健準備告自己的兒子，卻又沒錢找律師。朱姨趕著要帶阿健去申請法律扶助基金會的扶助律師，來幫阿健打官司。

「告子女」這件事聽著驚心動魄，實則沒有狗血八點檔裡那麼複雜的爭產情節。在街頭，父母告子女像吃飯喝水一樣稀鬆平常，老張哥隨手一指，「那個也正在跟女兒打官司」、「那個最近判決該出來了」，訴訟的目的，為的是後續申請「福利身分」。

老齡貧窮的個案，就像拿到一手爛牌的賭徒，在名為生存的牌桌上隨時都能一敗塗地，社工得幫忙細細檢視無家者手上能用的選項，計算哪些條件經過縝密的排列組合，最終出手後才能讓個案得到最多的資源。阿健不願去安置中心，社工思忖，以阿健的年紀，或許可以試試福利身分這一途。因此社工建議他申請低收入戶身分，藉此得到生活扶助。這是老齡貧窮者的最後一個機會。

但社會福利必須避免經濟能力尚可的人濫用資源，資格評核有嚴格的財產限制，申請過程會把個人資產以及有無扶養親屬等資料翻了個遍，確認當事人既無財產也沒有人扶養，的確是非得由國家出手相助不可的人，這才有機會擠進社會福利的窄門。

直到此時，一個人才會驚覺自己的「過去」有多大程度能影響「未來」，那些被遺忘的陳年爛帳如今都是負累，非得直面這些名為資產的包袱，否則無法往前。

社工協助個案處理冤親債主的過程被視為一場破關遊戲，每個前線社工都有一肚子上窮碧落下黃泉的故事：尋人、尋物、尋證件，只為證明服務個案是個貨真價實的老齡貧窮，除了國家再沒有誰能夠依靠。「我曾遇過一個個案，因為二十年前買了一輛車，車子後來失竊，他沒辦法報廢。結果要申請低收入戶身分時，被查到名下有這輛車。」在新北市和臺北市政府服務超過十年的社工主任說，當時承辦福利身分申請的人員上網查了下車型和價格，發現那款車輛在二手市場仍有銷路，可視為有價資產，因此算在個案的不動產清單裡，導致個案的財產超過福利申請的門檻。為了這臺根本不在他手上的車，他因此不符合申請資格。

但總不能一碰壁就放棄任何可能性，彼時還是菜鳥的主任一咬牙，轉而請警方協尋這臺車，準備先處理掉車子，再處理社福身分。「說來也是幸運，有天巡邏員警在路上看到相似的車子，通報後發現真是那輛失竊的車。」連社工都驚奇怎麼能有這樣的好運氣。

找到車以後，還得先把積欠多年的牌照稅、燃料稅繳清，才能逕行報廢。「還好個案因為精神障礙而被醫生判定失能，可以申請免付欠稅。」社工鬆一口氣，終於順利把車子報廢，讓服務個案拿到低收身分。

若是孑然一身的個案，大多處理到這地步，便能順利取得低收入戶資格，在政府的保護傘下過活；但個案若有家人，除了得先釐清對方是否真的一窮二白，接下來還得看看他的「家戶所得」。

「家戶所得」可就身不由己了。根據《民法》規定，直系血親互負扶養義務，是為法定義務扶養人。父母有養育子女的責任，子女長大後也得奉養父母。在法定扶養關係下，「家戶所得」的計算範圍不僅有個人收入、資產，還涵蓋了個案的配偶、子女等互相有扶養義務的人。

一個人只要「帳面上」有兒有女——不論有沒有「扶養」事實、關係淡薄成有名無實、不具備任何支持功能，義務扶養人甚至不一定同住在一屋簷下——就會被認定仍存有家庭支持，也會將兒女的收入列計在家庭所得之中。

以「家庭」為單位，由血緣和婚姻建構出的不可分割關係，被視為個人的支撐系統，必須直到這套支持系統崩解，且個人沒有辦法透過消費市場取得其他支援服務，終於被國家認定為「窮途末路」，此時政府才會有限度地介入。

國家有限介入，「巧妙地」抑制了公部門投注在福利上的支出和涵蓋幅度：二〇二二年臺灣低收入戶人數僅占總人口百分之一．二五，讓臺灣的社會福利被民間稱為「殘補式」（residual）社福。

阿健名下有兩個兒子作為扶養人，二兒子目前在監執行，因此被排除，但還剩下一個大兒子。即便阿健早沒和大兒子往來，計算家戶人口及其財產時仍會把大兒子列計，導致阿健不符合《社會救助法》的財產上限標準，無法申請福利身分。

和阿健同樣處境，周邊沒有關係網絡支持，又被拒於社福之外的經濟弱勢邊緣戶，為能得到國家資源挹注，只能決絕地以訴訟方式撕裂個人的關係網絡，讓司法機關明確地指出親族子女早就恩斷義絕，義務扶養人毋需負擔這義務；又或僅需部分承擔照顧責任。

在社工眼底，家庭關係既是個人課題，也是社會議題。遇上經濟弱勢的長輩，社工就得背負起那揭開家庭關係瘡疤的角色，才能解決糾纏其中的社會議題。在既定的制度規則裡，第一線社工常兩面不是人：「我們遇到的個案，大多是早年離婚或離家，然後真的沒養育小孩。」在民間團體工作十八年的小梓服務領域全是老齡相關，她總說能待得住第一線，靠的是熱情，還有在不斷挫敗中找到自我肯定的方式，否則怎麼撐過一樁樁清官都難斷的家務事。

「遇到老齡貧窮的個案，我們都會先跟長輩溝通，看是否要為了取得社福身分而提起訴訟。

這時長輩大多會沉默，尤其男性，情緒更不易說出口。」面對磨人的沉默，小梓只能等，但現下的經濟困境卻等不了。

沉默到頭，有些個案會覺得自己年輕時荒唐，如今更不該給孩子添麻煩，打死不願提起訴訟，面對需要他人幫助，卻堅持拒絕協助的個案，小梓也只能尊重其意願，「我們也不能逼他打官司。只能盡量透過其他方式，例如急難救助等先來穩住長輩的經濟。但長期來說還是很不穩定。」

就算過了長輩這關，接下來也還有苦頭。「我們會請社會局協尋子女。如果有找到，就會請雙方先來開個協調會。」名為協調會，實際上卻是得硬生生把親密關係裡的愛恨情仇晾在檯面上重新計較一番，埋怨過往不聞不問的、糾結長輩在手足之間厚此薄彼的，全毫不遮掩的翻了出來。「這種協調會，家屬一激動，摔門什麼的都很常有。」小梓這些社工首當其衝，皆是家屬撒氣的標靶，但在目的之前什麼氣都要忍。

「談到最後就是看子女願不願意扶養長輩，如果家屬願意那就沒事了。」而除非是子女願意扶養，「否則不論有沒有協調出結論，最後都要走法律程序。例如長輩過去沒養子女，協調會上子女表明現在他們也不想扶養長輩，那就是走訴訟，看是誰要提告，子女告長輩或長輩告子女。」小梓苦笑。

社工科系出身，在公家社福單位工作一陣的小珊，鎮日都能在機關大廳碰上揮舞拐杖歇斯底里，敲打櫃檯隔板質問後頭的工作人員自己為什麼申請不到補助的高齡長者。「有個阿伯早年結婚生子，離婚後丟下老婆孩子沒有扶養，人就跑了。」雖然跟兒子早沒有往來，但申請補助時資料審核仍會把小孩的收入納計家戶所得，阿伯因此過不了申請門檻，「整天來櫃檯吵，說小孩跟他沒關係。」小珊工作的單位裡，七、八成長輩都是年輕時𨑨迌，拋下家庭四處逍遙的案例。每談起這樣的個案，小珊都忍不住嘴角抽搐，「沒養孩子還理直氣壯，也是很了不起。」

單位裡的工作人員遠遠瞧著阿伯進門就頭皮發麻，鬧騰得受不了時，「會有資深志工語帶暗示地跟阿伯說，可以去走一趟法院，看看怎麼解決，解決完就可以來申請補助了——因為我們是公務人員，不能建議民眾走法律途徑去提告自己的小孩，但志工可以。」

朱姨總算和阿健約好去法扶的日子。可阿健一早又不見人影，把朱姨急得直跳腳。近中午人才總算回到臺北車站，被朱姨痛罵一頓，阿健委屈地辯解自己是回到新北市戶籍地去申請戶口名簿。問他吃過飯沒？他搖了搖頭，比了個「沒錢」的手勢。我自告奮勇陪著阿健一起去法扶，實地看看流程到底怎麼回事，阿健盯著我，點了點頭。

時間緊迫，朱姨拉著阿健急忙鑽進計程車裡，阿健接近一百八十公分的身長蜷在副駕駛座，只剩稀疏白髮的頭顱從椅背冒出；矮他一個頭的朱姨獨占後座，舒張著四肢享受車裡空調。後照鏡裡一前一後的兩張臉都被口罩遮了大半，露在外頭的兩人四目倒是炯炯有神，有志一同地盯著前頭，跟著車子一路順風。

從臺北車站出發不過十幾分鐘的路程裡，朱姨不停叮嚀阿健待會得把自己的狀況說清楚，「大兒子沒聯絡了，二兒子在坐牢。你現在要申請福利身分，所以要來告兒子。」口罩下的嘴一開一闔，口罩跟著一下凹陷一下膨脹。前座的阿健一逕無聲，不知道是喉嚨受傷後讓他習慣性不開口，抑或是不想多說什麼。倒是計程車司機從後照鏡裡瞄了朱姨一眼，心裡約是在估量兩人的關係。

申請法律扶助的辦公室，中間排滿長條座椅，一格一格窗口圍在四周，雖是新冠肺炎疫情期間，仍有不少民眾緊捏著手上文件，神情焦慮地坐在椅子上等待叫號。阿健坐在位子上扭動，不時拉著西裝料的長褲。聽見服務人員叫自己名字，阿健立即從椅子上彈起，走向其中一個窗口。

法扶工作人員隔著透明塑膠板和阿健相望，阿健喉頭開過刀，開不了口，比手畫腳一陣，再搭配氣音解釋來意，好一會兒工作人員才終於搞清楚阿健是要向兒子提起「請求給付扶養費」

的訴訟，但他沒錢找律師，因此想找法扶幫忙。工作人員填了基本資料，詢問阿健後續文件要寄到哪邊，可阿健睡在車站，沒有固定地址能收發信件，他一時不知怎麼回覆，兩人對望一陣，最後終於琢磨出一個辦法：後續文件將會寄到社福中心給社工，再請社工聯繫阿健。

辦完這件大事，朱姨和阿健的情緒都顯得有些高昂，回程車上朱姨拉高語調，邊推了推阿健的肩膀，說阿健藏著個神祕小儀器，只要把小儀器放在喉嚨附近，就能將講話的聲音清晰傳遞出來，阿健也眉開眼笑地附和點頭，從口袋掏出儀器展示給我看，然後示範怎麼發出說話聲，問他在法扶辦公室時怎不拿出來用呢？

「不好意思啦。」講完他又把儀器收進口袋。

兩、三天後，阿健收到了法扶寄到社福中心署名要給阿健的通知書，告知阿健法扶將指派一位律師協助他處理後續訴訟的事。阿健既興奮又緊張，捏著法扶的核准公文，小心翼翼地收進他隨身帶著的二十九吋行李箱，再將行李箱鎖在他的老機車旁。

等了幾日，阿健遲遲沒等到律師來聯繫。一問才發現阿健當天留給法扶的聯絡電話，是他老早停話的手機號碼。朱姨再度跳腳，趕忙帶他去買了支二手手機和易付卡，另一頭老張哥邊搖頭邊打去律師事務所詢問，這才和律師聯繫上，約了會面的日子。

第一次見律師，同樣是朱姨陪著搭車去。剛下計程車，朱姨便三步併兩步地衝過馬路，後頭阿健走得磕磕絆絆，惹得朱姨頻頻回頭，兩人一前一後一拉一拖上了樓。

阿健和朱姨入了座，律師細細問起阿健的身家，阿健有時用筆談，有時發出模模糊糊氣音來回應律師的提問，朱姨則在旁穿插補充解釋。

阿健的律師執業超過十年，每年總會收到好幾件法扶指派的「請求給付扶養費訴訟」，已是駕輕就熟。

二〇一一年《社會救助法》修法後，第五條第三項第九款明定：「因其他情形特殊，未履行扶養義務，致申請人生活陷於困境，經直轄市、縣（市）主管機關訪視評估以申請人最佳利益考量，認定以不列入應計算人口為宜。」這個被簡稱為「五三九」的例外條款，本是為了給予第一線社福人員裁量空間，在實地訪視確認直系血親沒有扶養事實後，可將其排除財產列計，讓當事人有機會獲得社會福利的補助。

不過實際上就算社工訪視，確認直系血親的確沒有扶養事實，但以「五三九」專案來讓當事人通過社福申請的案件數仍有限[1]，「因為社工會害怕有『圖利』問題。」曾是法律扶助基金會北部專職律師，現為業務部主任的邱榮英說，所以大多案件最後仍得靠訴訟來背書當事人沒有親屬扶養。

根據法扶內部統計，扶養相關的訴訟似是與日俱增，二〇一三年扶養相關訴訟案量為一千八百零六件，到了二〇一七年，數字向上攀升，案量已超過三千件，是離婚案的兩倍；二〇一九年，法扶承接的扶養費爭議案件來到三千七百二十六件，占家事案件最高比例[2]。二〇二〇年法律扶助基金會出版的刊物《讓我們安心變老——寫給熟齡世代的生活法律指南》裡，其中一個章節談的便是「扶養責任」。

「父母請求扶養，其實不盡然是真的期望從子女處取得扶養費，要的不過是一紙判決結果。」經手過不少這類案件，邱榮英有時也覺得社福問題最後卻是靠司法解決相當荒謬。

邱榮英碰過的案件當事人，往往年輕時拋家棄子，或早和配偶離婚，也多年沒見過孩子。

1 民間團體的社工也曾遇到過個案已經過法院判決，子女不需負擔扶養義務。但社工在為個案申請低收入戶身分時，救助科的承辦人員依舊把子女財產列入計算，並認為已給予個案中低收入身分即可。社工必須來回在行政救濟的管道中，才能為個案爭取到低收入戶身分。

2 第一線社工觀察，二〇二三年起，衛福部要求地方政府不能再以「請求給付扶養的訴訟」作為判別個案的扶養義務人不列入計算的依據，因此二〇二三年底開始，相關訴訟變得較少。

如今向陌生的家人提起訴訟，希望藉法院判決確認他從前沒養育孩子，因此子女得以免除，或只需給予部分扶養費。

「例如當事人在孩子年幼時就離婚，也沒有給贍養費、子女教育費。那法院可能就會判決現在小孩可以減免扶養費，或一個月給付一、二千塊扶養費即可。」之後當事人申請社福身分時，家戶所得的計算便能根據判決要求的扶養費用來估算當事人的收入。「這類官司我們都希望趕快打輸，法官判決免除扶養費，或是減免。接著當事人就可以依此判決再去申請社福身分。」邱榮英苦笑。

只是透過司法來確認社福資格，「場面通常不太好看。」邱榮英苦笑，一方面許多家庭走過一輪法院，原本冰冷的關係又更加撕裂，更不堪的是若子女年幼時曾遭到不當對待，甚至侵害，如今還得對簿公堂，彼此內心都相當痛苦；另方面是司法部門案件量早已超載，卻得騰出手來處理這些本質是社福問題的家事案件。但為了當事人可以取得補助，每每碰上這樣的訴訟，只能硬著頭皮上法院。

會走到法扶手上的案件，幾乎不脫老、殘、窮，邱榮英分享她曾經的一名男性當事人浩東的故事，浩東過去孤身住在出租國宅，有身障和低收補助。他多年未和妻子、子女見面，也早就沒有養育子女。「但是他的租約即將到期，然後又因為子女邁入成年，有工作、有所得，子女所得會被列計在家戶所得中，浩東的低收身分將會有變動，他才不得不來打這個請求給付扶養費的官司。」

只是浩東已一、二十年沒見過子女，好久不見，再聯絡卻是上法院，子女因此對於爸爸相當不諒解，「法庭外面講話就非常不留情面，指責浩東這麼多年也沒養過孩子，怎麼現在有臉來提告。」浩東聽在耳裡也覺得羞愧，轉頭埋怨律師拉他孩子上法庭，讓他難堪。「但法院一定會傳孩子來，我們也沒辦法。」邱榮英在旁邊也是一臉尷尬，只能不斷賠罪。

還有一次，當事人正雄是個單親爸爸帶著兩個孩子，當年因為婆媳不和，妻子最終離婚再無往來，孩子也和媽媽關係淡薄。正雄肢體障礙又失業，申請福利身分時，「孩子都還在念書沒有工作收入，而母親仍是未成年孩子的義務扶養人，所以會把媽媽的收入算進來。」一把媽媽納入計算，立即超過了財產上限。

「我們只好由孩子出面告媽媽，要求『免除扶養義務』。」藉此斷了母親和孩子之間的扶養關係，讓母親不會被算在家戶所得內，正雄才有機會申請到福利身分。但上了法庭，「律師被法官訓了一頓，說兩個孩子一個剛成年，一個未成年，根本還沒有能力扶養親人，怎麼會來提免除扶養母親？」

邱榮英知道這的確荒唐，小孩提拋棄扶養的訴訟，要不就是小孩要申請福利身分，得排除掉直系血親尊親屬列計家戶所得，所以才要拋棄扶養。另一種則可能是早年家中有事故，導致子女和父親或母親已經失散多時，結果有天突然收到追討安養機構費用的通知書，才知道這個好久不見的親人流落街頭，路倒後被通報給社會局，再由社會局送進養護機構。但沒錢支付機構費用，所以社會局向扶養人追討。「這種費用通常都幾百萬，小孩一時付不出來，加上當年長輩離家總是有些原因，小孩可能也不想付這筆錢，所以就會提拋棄扶養官司。」

正雄這樣的案例實在比較少見，「但社會局那邊需要透過這段訴訟，列計財產時才會排除母親，讓正雄通過福利身分門檻。所以我們也只能硬著頭皮提告，然後被法官罵。」邱榮英無奈地吐了吐舌。

法庭上兩個孩子隔了近二十年再次見到母親，分不清該用哪種表情面對這個陌生的血親，還沒來得及敘舊，就得先討論起尷尬的金錢問題。法官看了看母親財產收入，認為她算高薪，既然前夫與子女生活困頓，不如由母親給付孩子扶養費。但母親當庭反駁說，她雖然現在收入不錯，但她沒有再婚，家裡又只有她一個孩子，未來自己的父母年紀大了，只有她一人扶養爸媽，薪資需要留下一大部分做為老後準備。

少子化改變了臺灣人口結構，這母親即將面臨的正是高齡與少子死亡交叉後帶來的沉重扶養壓力。國家發展委員會每五年的人口金字塔與扶養比推估顯示，到了二〇二五年，每三・四位青壯年得負擔一名老人，獨生子女未來的扶老壓力的確越來越大。法官思量後覺得母親所言甚是，最後同意了這場怪誕的官司。

不只扶養訴訟的案量逐年提高，第一線的小梓和小珊還感覺到案件複雜度跟著攀升，家內的愛恨之餘，還摻雜了國家的邊界。「最近我們手上出現很多個案是新住民的姐妹，她們大多是第一代新住民。當年來臺嫁給榮民伯伯，兩人年紀有些差距、沒有小孩。伯伯去世後，這些姐妹如今也步入老年，開始出現經濟問題。」小梓發現這些新住民姐妹，有的嫁來臺灣時已是「二婚」，前一段在故鄉的婚姻曾有過子女，只是離婚後便少聯繫，飄洋遠嫁後更無往來。

「當這些新住民姐妹要申請福利身分時，前一段婚姻生的子女的財產也一樣會被列計。」因為離婚結束的只有姻緣，並沒有切斷血緣，前任的孩子，當然仍屬義務扶養人。

當這層關係網絡疊上國族，情況更加棘手。新住民姐妹若是「外國人」，前段婚姻的子女人不在臺灣，倒還好解決；若姐妹是「中國籍」，事情就難辦——因為前段婚姻的孩子不算在「境外」，也不是「境內」，「她們也不可能走訴訟這條路。只能透過海基會、海協會尋到子女，看看能不能拿到財產證明，確認無力扶養這個姐妹，再走社福申請流程。」

但多數時候，早沒聯絡的孩子根本無從尋人。「財產」這關過不了，新住民姐妹的社福問題只能懸著。「我們的一些急難救助金都需特定事由才能申請，例如失業、生病。但『貧窮』不是突發事件，它是一直存在的狀態，所以很難申請。」小梓露出似笑非笑的表情，「如果這時個案的狀況變壞，像是需要住院，反而好處理，因為她就符合急難救助的標的，可以申請補助了。」這是社福政策內在的悖論：當一個人掉到「更慘」的處境時，才是得到國家資源的時刻。

和新住民個案不同，小珊碰到的是無法申請福利身分的阿伯在機關櫃檯作勢要揍人，「對著我們咆哮，說他拋棄的前妻和孩子都在越南，小孩收入為什麼還得算進來。」嚇得機關櫃檯的幾個小姐全往後縮，小珊則是內心白眼翻不停。

年資長的工作人員常遇上這種跨海姻緣下申請社福受阻的案例，「我聽那些做很久的人說過一個鄉野傳奇，就是個案去找到前段婚姻的子女，然後跪求別人領養這些個孩子。領養完成，孩子就不會算做自己的扶養人了。」不過鄉野傳奇的可行性未被驗證，也只是停留在同事茶水間的耳語閒談。

扶養官司的爭議總讓小珊成長中的創傷浮現，她瞇起眼盯著辦公室外揚起拳頭的老人，他們大多是早年離家，如今為了福利身分把子女告上法院的男性，那身影讓小珊想起自己的老爸。小珊的父親從她小時就酗酒賭錢沒養家，難得在家時，多用拳頭來說話，一個不如意翻桌揍人，沒人能倖免。小珊以前最怕的是吃飯時間，每次吃飯，她父親不到五分鐘就有各種理由摔盤子砸杯子。

父親外遇的對象曾找到家裡，想對小珊的母親耀武揚威一番，「我們跟她說拜託這男人就給她了，趕快領走。」

「十幾年前我媽和他離婚，因為有家暴傷害的證據，所以順利離掉了。」那時小珊本來想先拋棄扶養這生父，省得未來某一天換父親告她要請求扶養費。但媽媽觀念傳統，說子女拋棄父母不好看，小珊也就作罷。

「爸媽離婚那次是我最後一次見到他。我偶爾會去法院的判決書資料庫查他名字，看看他是不是又有新的酒駕官司。」判決書裡的犯罪紀錄，是小珊了解父親蹤跡的線索，「我看他在哪邊酒駕被抓，就知道他人在哪。」

「家庭會傷人」，小珊最懂個中滋味，她也在等，等晦暗的童年重新找上門，等哪天接到生父提告請求扶養費的通知。「如果他告我，我大概只會覺得：『果然是我爸！』垃圾男人就是會做這種事。」小珊一臉笑，像在談一件早想扔掉，但還沒找時間處理的垃圾，語氣不高也不低，甚至沒有恨。她覺得這官司更像是割掉傷口上的腐肉，「告一告也好，有了法院判決，等於可以跟這人再無瓜葛了。」唯一連結著自己和對方的血緣，終於能一刀兩斷。

到新店家事法庭開調解會那天，是老張哥陪著阿健一起去的。司機問起目的地，老張哥熟門熟路地報了地名，接著補充：「在那個學校旁邊，你走羅斯福路，要轉彎時我跟你說。」老張哥自己沒打過家事的官司，但陪著車站的無家者們走過幾次訴訟，對這流程也是略懂。

上次和律師會面沒多久，律師很快就遞狀，接著進入司法流程。但第一場調解會卻過了兩個季節才終於召開。

那次會面裡，阿健的律師問他，提起訴訟的對象只有大兒子？或是兩個兒子都要提告？阿健還在比劃著，朱姨趕忙插嘴：「只要告大兒子。二兒子都有在養他。」律師點了點頭，接著問起大兒子的住處，阿健頓時激動起來，他不是不養家的老爸，雖然喝酒，但兩個孩子阿健都養到大，他急著用氣音數落起大兒子把他趕出家門，後來他只依稀知道大兒子住在北部，但確切地址也不清楚。一口氣提不起來，阿健猛地一陣咳嗽，喉頭生病開刀留下的小黑洞跟著滲出體液。

律師眼神波瀾不驚，又點了點頭，等阿健緩了緩後，律師告訴阿健，後續訴訟流程裡首先得經過調解，因為被告是大兒子，所以會傳他大兒子出庭，暗示兩人總得打照面，讓阿健先有個心理準備。阿健點點頭，結束了會面。

到家事法庭的路上，後座的阿健一路無語，皺著臉，沒有太多表情，兩手環抱著他隨身的背袋，直挺挺地像聽演講的小學生般端坐。前座的老張哥像出門郊遊，張望著外頭的風景，看到路邊工地圍欄上營造廠商的名字，興奮地說自己以前做過營建業，也認識那家公司的某某主任。

沒風景可看時，老張哥把視線收回阿健身上，朝阿健努努嘴，奮力填滿沉默：「老爹最近吃壞肚子，身體比較差。」老張哥總喊阿健叫老爹，人在街頭老得快，他發現阿健開始出現記憶力衰退的徵兆，常常忘了東西在哪，或是一包藥吃過了又吃，「我怕他自己不記得吃過藥，安眠藥吞過量，死了。」他盼著阿健的官司能趕緊落幕，接著便可以申請福利身分後租個房子，生活穩定些。

車子靠近家事法庭前，老張哥讓司機先拐進巷子靠邊停，一個人衝下車朝路邊賣水煎包的攤位奔去。再回來時手上一大袋熱騰的包子，各種口味總共買了五個，「這間攤子很有名，開很久了，以前在那邊馬路邊，現在搬到這裡。」老張哥邊指劃著舊攤位的方向，邊把一袋水煎包往阿健手裡塞。近三十分鐘的車程，七百多塊車資，老張哥從腰包裡抽出一張鈔票遞給司機，又轉頭向後座的阿健開玩笑討錢，阿健苦著臉比了個「沒錢」的手勢，「那你拿便當來抵」，老張哥賊笑，阿健裝作沒有聽到。

上法院和電影裡演的完全不一樣，沒有什麼高潮迭起的劇情，本以為這是多年後阿健和大兒子再見面的一刻，但那天調解會出乎意料尚未開演即落幕，律師和阿健、老張哥上了家事法庭的二樓報到，東張西望地等著大兒子，老張哥幾乎比阿健更緊張，坐不住，來來回回探著樓梯口，又在協調室外盯著牆上的ＬＥＤ燈。

等了半小時還未見人影。旁邊因離婚、遺產問題上法院的人來來去去，悲歡離合走了好幾輪，就剩阿健這庭的案號一動不動，手裡水煎包的袋子已布滿蒸氣水珠。律師問阿健有看到大兒子嗎？阿健擺了擺手示意「沒有」，安安穩穩地坐著等，倒是旁邊的老張哥耐不住，「怎麼有人會不來的，我還沒遇過不來的！」律師也皺眉：「通常都會出現，畢竟自己被告，總會要來為自己說話吧。」

阿健這庭的調解委員從房裡探出頭，招了招手讓律師進去，沒幾分鐘律師回到阿健身邊，「今天就先這樣，之後會再開一次調解。」

第一次到法扶申請扶助，是春寒剛褪下的日子。等到第二次去家事法庭，已走過夏日和晚秋，進入寒流來襲細雨迷離的時刻。

阿健不分季節總穿著一件長袖的黑灰格子襯衫，他偶爾會去姊姊家洗澡，身上總乾乾淨淨。他把袖子捲到手肘處，長褲的褲管也拉到膝蓋，露出一截小腿。

阿健左邊的小腿肚上有個潰爛的傷口，消炎藥、各種慢性病處方箋全收在包包裡，朱姨老追著他叮囑按時服藥，阿健則會一臉不耐卻又溫馴地吞下藥丸。

格子襯衫外，阿健裹著社會局發的紅黑配色防風厚大衣，口袋冒出一截從廁所撕下的滾筒衛生紙。一行人一早趕到家事法庭，大兒子依舊沒出現，阿健被叫進了三號房內，和法官談了幾分鐘就出來。同一室前場談離婚的老夫妻用的時間是阿健的十幾倍，好不容易出了房間，老先生嘴上仍絮絮叨叨地數落另一個白髮人，憤憤地走出家事法庭，拐杖咚咚作響回應他的怒氣，餘音像石塊擲入鐵桶般刺耳。關係的樣態百百種，有些只消幾分鐘就判定因果，有些糾纏到最後一刻還在想辦法出招折磨對手，老先生身影走遠，老張哥沒好氣地對了句：「一把年紀了離什麼婚。」

阿健出來後，律師後腳跟上前告訴阿健：「差不多就這樣了，應該不會再開庭，下一次就判。但因為一直沒有找到兒子，所以判決出爐後還要上達文書，放上網公告一下之類。」他瞄了阿健一眼，看阿健一臉懵，馬上補一句：「不用擔心這個我們律師會來處理。」阿健對律師猛力點頭，眉眼鬆了鬆。老張哥捏了下阿健的肩膀，滿臉笑地說：「拿到判決趕快申請低收，去租屋。」阿健又是一陣點頭。

回程車上，老張哥看著外頭溼漉漉的街道，他說他的哥哥就住在家事法庭附近，陪著來法庭這麼多遭，老張哥沒想過繞道去見見親人，問他怎麼不去？他總說時候還未到。計程車上，一夥人似乎心思太沉重，沒人搭話。「要我說，這樣的案子只會越來越多。」老張哥突然開了口，他指的是扶養訴訟。「現在的年輕人賺錢不容易、房子又買不起，物價比我們年輕時不知道高多少倍，以後怎麼養父母？父母只能告小孩，然後拿到福利身分給國家養囉。」

農曆年前阿健的判決就下來了，法院裁定大兒子每月需支付阿健六千元的扶養費。不過大兒子仍沒現身，當然也沒給阿健這筆錢。

當法院判了一個略高的扶養費金額——通常是超過五千元——而小孩實際上並未支付這筆扶養費時，個案反而陷入另一種棘手的情境中。「這個扶養費數字會讓個案依舊無法跨越福利身分的財產限制，等於個案走完訴訟一遭但情況依舊沒有任何改變。」邱榮英早習慣了這一連串的步驟，「那我們接著就向法院聲請『強制執行』，執行不到，當事人可以拿著強制不到的文件去申請福利身分。」

走到這一步，大概就能順利取得福利身分，「不過如果小孩名下突然有薪資或財產，強制執行到了扶養費，那個案的福利身分就會被取消，之後得要再重新申請。」邱榮英聳聳肩，在這套遊戲規則裡，人必然在社政和司法的制度中擺來盪去，重複循環各種流程，宛若永劫輪迴。

阿健的律師也幫他提出強制執行，拿到聲請狀，阿健才模糊知道自己的兒子這兩年過什麼樣的日子。聲請狀上寫著「請准予扣押債務人位於富胖達股份有限公司之薪資」。二〇二一年新冠肺炎襲捲臺灣的日子，阿健的大兒子開始做起外送員。在這之前，大兒子曾在一家南部的工廠任職。

「昨天晚上阿健大兒子來車站附近找他了。」強制執行聲請沒多久，老張哥就在車站外遠遠地看到一個生面孔在和阿健交談。

陌生人走後，老張哥才上前稍微探問，「是阿健的大兒子，說要幫阿健租房子。」

這幾年的夏季來得早，氣溫也越來越燠熱。高溫像鉛塊一樣壓得人喘不過氣，才五月南臺灣飆出四十度高溫，平均氣溫顯示這是六十年來最熱的五月。進入梅雨季後土地蒸騰的熱氣，以及終於出現的大兒子，都讓老張哥皺起了眉。阿健的大兒子承諾要幫他租個房子，臨走前塞了一千塊到阿健手中。

「這種我看多了，有的家屬說要幫忙租房子，租了幾個月就沒繳房租，害老人被房東趕出來，又回來這裡。」在戶外不多時，老張哥已全身汗溼，陽光扎眼，他瞇著雙眸。老張哥不想介入太多，又忍不住提醒阿健，大兒子若要幫忙租房，必須帶著房東去法院公證，承租人註明是阿健的大兒子，「這樣有事房東得找大兒子，不會找你。」老張哥點到為止，他關心車站的每個住民，但也不喜干涉太多私人事務。阿健默不作聲，聽罷慎重地點了點頭。

直到入秋，阿健仍在街頭，老張哥沒多問，只照常在固定時間為阿健留下一盒便當。

魚與熊掌，在老齡貧窮者身上不只無法兼得，甚至連選擇的機會都沒有。冀望透過福利補助換得完善居住空間的老齡貧窮者，首先得想辦法有個住所、報上戶口，一切程序才有機會往下走。偏偏租屋市場對高齡老人關上大門，許多人連一個「合法」或「合格」的住處都找不到，人生最後只能在套套邏輯裡瞎打轉。

攝影：蘇立坤

第二章 福利的局外人

宗明喜歡數著自己離六十五歲還有幾年，街頭上的人多少都有這習慣，在內心計算著距離可申請福利身分的六十五歲還有多遠。宗明才五十出頭，這是最不討喜的年齡區間：體力下降、工作機會少，在就業市場上相對弱勢，卻還不到可以申請中低、低收入戶等福利身分的資格，沒能被社會安全網接住。在低階勞動市場徘徊，儼然是老齡貧窮的後備軍。

宗明和阿健正好在這場老齡貧窮生存馬拉松的兩端。老齡貧窮者要從無家到有家，第一步是得先跨過六十五歲這道線，接著才是申請福利身分、租屋。阿健已跑到終點，打完給付扶養費的官司，可以往下試著申請福利身分補助，兒子還承諾要幫他租屋——雖然還沒租到房子——一旦租了房屋，福利身分也申請成功，阿健的生活大概就不成問題；但宗明才正要開始，他還卡在被視為「勞動人口」的年紀，只能靠自己打著零工，做些清潔工作來維持生活，有錢時住網咖，沒錢時睡街頭。

宗明習慣穿襯衫和西裝褲，側邊背著一個紫色尼龍購物袋。清潔打掃等勞力工作免不了全身汗溼或髒汙，但宗明不喜歡排汗功能較好的運動衫，總穿著與勞力活不相稱的正式服裝上工，每次幹完活，襯衫從腋下到背部都浸滿了汗水。

有工作的日子，宗明可以到網咖睡一晚。他這幾日都睡在網咖，一晚上包場十二小時，只要一百四十元，就能有一張單人座黑色皮沙發蜷一晚上；高級一點的包廂區，十二小時二百五十元，獨立的小包廂，空間足夠讓一成年人臥躺。打一天的零工能賺九百元到一千二百元，但考慮到隔天能否持續有工作收入，二百五十元的包廂就有些豪華得超出預算了，所以宗明只睡沙發。

宗明睡的那間網咖就位在臺北車站附近巷弄一幢舊公寓的二樓，一樓門口貼著遊戲海報，主角一身勁裝，和夥伴翱翔天空，海報下的壁紙已有些脫落，邊緣也發黑變色。階梯因長年磨損走起來特別光滑，下樓時每個人顯得顫顫巍巍。

深夜走進網咖，便能聞到室內芳香劑混合食物調理包和泡麵的味道，鹹甜交雜，和漫畫店相近的氣味。門口一個大約半身高的櫃檯，櫃檯附近的牆上貼著公告：「客人身體有異味請自行上三樓淋浴間洗澡」。

櫃檯後方坐著個大夜班的工讀生，對於來客一視同仁的冷漠，逕自滑著手機。頭也沒抬地收了錢、指了指空位的方向，無聲地示意。偶爾有人點餐，工讀生才會起身，在櫃檯旁的簡易廚房裡燒燒開水、加熱調理包。

開放式的沙發區大約有三十個座位，線頭和棉絮外露的黑色皮沙發，再配個組合木桌，桌上一臺電腦螢幕，一副耳機，就是網咖的標準配備。隨著家庭網速越來越快，以及這幾年手機遊戲盛行，不再需要到網咖打遊戲，也能進入虛擬世界享受娛樂，九〇年代後期興起的網咖因此逐漸沒落。二〇二一年十二月中，曾經叱吒一時的知名連鎖網咖品牌「戰略高手」宣告最後一間旗艦店熄燈，標示著網咖一行的終結。殘存的店家，大多靠的是短期寄宿的客人來維持一定的收益，硬體運維也就沒那麼講究。

我只去過極盛之時的網咖，還沒體驗過它現在的樣子，更沒在深夜進來過。踏入之前難免有些忐忑，在網咖樓下巷子裡來來回回好幾趟，一邊大口呼吸幫自己做心理建設，之後才躡手躡腳地爬上樓梯走進網咖。一開始選定的座位，電腦打不開，工讀生好似習以為常了，讓我換了一處。沙發軟，一坐定就深陷進椅墊。我打開螢幕，發現電腦裡已灌好許多遊戲。但整間網咖裡打遊戲的人少，偶有幾個少年帶著耳機，一邊戰鬥一邊直播，發出單音節組成的嚎叫，其餘客人多是像宗明一樣來網咖睡上一晚的無家者，隨便在螢幕上選了個 YouTube 節目無聲輪播——坐我對面的客人，播放著國家地理頻道，獅子或狐獴在螢幕裡奔跑——外套蒙眼，人便倒頭大睡。

睡在網咖時，一晚上大約會遇上二次臨檢，兩名員警輕手輕腳地鑽入店內，四處張望，揀選幾個熟睡的人，輕拍喚醒對方，要求看看身分證件、對了對臉孔，又再悄聲地下樓。警察瞄了我一眼，我怕我顯得太突兀，趕緊打開《世紀帝國》，指派螢幕上的閒置村民去砍柴種田。

網咖雖然有提供上鎖置物櫃給長期的住客使用，但小小的置物櫃僅放得下一些證件、貴重物品，其餘家當只好背在身上。宗明習慣把家當裝在紫色購物袋裡，上工時也隨身背著，購物袋來回摩擦他身上的素色襯衫和西裝褲，宗明走得特別踉蹌。

宗明還有好幾年要熬，但就像那句老話，機會是留給準備好的人。雖然現在只有網咖或街頭作為他的棲身選擇，但接到房屋清潔打掃的工作時，他總會留意一下有沒有合適的租屋環境，想像未來能有機會得到福利身分，租到這樣的房屋。

有次宗明和兩個夥伴一同到臺北市南區一處公寓打掃，那是民間團體轉介的清潔工作，工作內容大多是把屋內雜物搬空。公寓在三樓，房東把原本的室內格局拆除，三房兩廳改成五間獨立套房，每間房約三坪大小，沒有對外窗，卻是少有的水泥隔間，還加上獨立衛浴。

走進房裡，宗明和打掃的夥伴眼睛全亮了，一眼就望盡的房間，三人硬是裡裡外外來回走了幾趟，先看了看浴室，點點頭，接著再繞了繞房間，房間僅消兩、三步就走完一圈，一夥人還是興致高昂地繞了又繞。伸手敲敲牆壁，確認隔音狀況。巡視完一番，三人內心認證：這遠比過去清潔過的雅房豪華許多。

宗明見過以獨居老人為主的租屋聚落，這樣的租屋處，光臺北市的西區就有十幾處，有些至少是合法建築，還有水泥隔間，房東願意讓房客掛戶籍，申請各類補助；有些房間在地下室，沒有對外窗，室內僅有一盞燈泡照明，外頭窄窄的走廊和低矮的天花板，身子長一點的人挺直腰就能撞到頂。空氣如一灘死水，風扇在這裡唯一起的作用，僅是心理安慰。

儘管如此，這些出租房屋的房租，就算品相再差勁，房租一般平均也落在四千到六千不等，水電還得另計。

宗明曾打掃過西區另一處出租公寓，格局細長的三層樓公寓，從空中看來就像是一把尺。走廊只夠一人通行，房間沒有對外窗，只有面朝走廊的一處氣窗，煙味在三層樓裡打轉，混合了一些空氣清新劑的氣味，讓人有種置身野雞車的錯覺。

螺旋式的鐵梯相當陡峭狹窄，只容得下一人通行，一不小心還會滾下樓。宗明提著清潔用具，顫顫巍巍地爬上樓。每一層樓的走廊和廁所都只有一盞昏黃燈泡裸露在天花板下方搖擺，連接燈泡的電線隨意垂懸。實在太過昏暗，宗明打掃時只得拿出手機開啟手電筒，免得看不清地面。

一樓隔成三個房間，其中一間的房客住院一陣子了，沒見到人，滿頭白髮上了年紀的房東，逕自拿鑰匙便開門往房裡走去，轉一圈瞧個幾眼，「這個房客住院好久了，我有點想把他趕出去。」說完後白髮房東沉默地凝視房間角落，再緩緩關上門。一旁的宗明聽見白髮房東的話，他眼神迂迴，裝作沒聽見。

白髮房東還有另一出租處，一樓和地下室總共六個房間，不通風的地下室房間，一個月房租四千，金屬門配上昏黃燈泡，凹凸水泥牆面，像極恐怖片裡進行祕密解剖或人體實驗的地點。一樓通風較好，租金要價八千。

同樣都是二、三坪不等的小雅房，塞了張床後幾乎沒有空間容納別的物件，一個人的家當如何能按部就班地在這小窩裡排列整齊，恐怕連專業的整理顧問近藤麻理惠都會感到煩惱。

宗明來來回回清潔走廊和浴廁時，一位房客正坐在門外機車坐墊上喝飲料，盯著宗明看。房客是個瘦弱的壯年人，年約四十歲，一手截肢，在附近的第一果菜市場做批發，凌晨就出門，大約中午下班。他本來住內湖，搬到萬華沒幾年，就住在地下室，樓梯正下方那間房。房裡通風不良，只有一盞燈懸在房頂。所以大多時間，他寧可待在外頭，呼吸新鮮的空氣。

南區公寓裡的前房客是個獨居老人，「會往樓下倒泡麵，還跑進其他房客房間裡瞪著別人看。」做營建業的房東太太盯著屋裡雜物，話語裡布滿霜，說老人一開始表示自己有家人，後來卻只有社工會來租屋處看看他，顯然是獨居。

房東深吸一口氣：「我們也是願意做善事，這邊好幾處都我們的，都有在出租，老弱殘都願意租。但我這裡還有住一般上班族、女學生啊。老人溜進別間房，還沒穿衣服，搞得隔壁後來都租不出去，其他房客也心慌，這樣要怎麼住！」房東邊說邊來氣，皺著眉埋怨：「我們也是不得已，不是不願意租……只能請社工來處理。後來強制就醫，就把人帶走了。」

老人離去後，房裡留下許多風乾的食物，房裡的電鍋還放著一條發黑的肉，已看不出它曾是雞鴨豬牛；床頭邊擺了一排沒有蓋子的果醬罐，罐裡頭同樣漆黑難辨，只剩一團黏糊，像似有個神祕的生態系已在裡邊生成。房間裡透出詭譎氣味，像是悶太久的霉味，也可能是發黑的食物自帶酸腐味。宗明一行人早習慣各種味道，夾起黑色肉塊繞著房間，猛地往我眼前靠近，唬得我趕緊閉氣。

房東對前房客的後續著落沒多大興趣，只想專注在房子的善後，想著趕緊把上一個房客的噩夢清空，讓房子再次出租。她要宗明等人除了衣櫃等大型家具外，其餘物品一概扔了。

聽見房東有意再出租，原本埋頭清理垃圾、打掃廁所的宗明一夥三人全抬了頭，我幾乎看見三人眼裡有團火。獨立衛浴的房型難得，見多了共用衛浴的出租公寓，那髒亂和惡臭，讓人避之唯恐不及。眼下這一套房，讓人大喜過望。

但三人又不想顯得太過積極，畢竟房東才剛送走前一個房客，宗明一行人又同樣都是獨居的高齡者，怕顯得太過積極會嚇跑房東。三個人突然變得心事重重，似乎在琢磨房東還有多少意願將房子再次出租給他們這樣的房客。宗明心知臉上露出急躁反而會壞事，難得地小心翼翼。

幾個夥伴先和房東有一搭沒一搭地聊起前房客，順著房東的話，幫著數落前房客不懂規矩，破壞租屋處的和諧；接著又聊起附近環境、交通，語氣壓抑，迂迴進攻。閒話一陣，其中一人不動聲色地切入核心話題，不經意地問起房租。

「這間比較小，一個月六千，包水費和網路。」房東沒有防備，報了報價格。

一夥人都在心裡掂量起來，無聲地點起頭，獨立衛浴加上水泥隔間，這個價格，可以！接著又一人一句，慫恿房東留個聯絡方式，以後若有機會，或能成為房客。房東略顯遲疑，但頂不住三人熱情如火，半推半就地念出一串號碼。

「可以掛戶籍嗎？」另一人想到，忙追問一句。

「不行。」房東連忙搖頭。

「喔……。」一聽不能掛戶籍，一夥人全沒了興致。低頭無聲地收拾起手邊的垃圾與雜物。

短短幾秒內，興奮與渴望、失落與荒涼的情緒在三人臉上輪番演繹，起伏之大，因為「戶籍」

一事對最底層的老齡貧窮者來說至關重大，一聽見無法掛戶籍，再好的居住空間都已與他們無關。

租屋不能遷入戶籍，多少會帶來生活的不便利，例如許多離鄉人口每逢投票，就得搶車票、機票返鄉。這樣的不便利大概就跟不小心踩到樂高一樣，煩躁但不致命。可無法入戶籍一事換到老齡貧窮者身上，就成了非死即傷的衝擊波。

由於臺灣的福利制度與戶籍連動，一個人必須，也只能向戶籍所在的地方政府申請社會福利，而且戶籍地要與實居地一致。接著再滿足各種福利申請的門檻後，才有辦法取得該縣市的社會福利資源。

社會福利涵蓋項目屬於地方政府權限，資源多寡、涵蓋範圍，全憑地方政府財政能力。因此對於需要依靠社會福利來支撐生活的老齡貧窮者來說，戶籍在哪裡，決定未來能得到多少照顧。各縣市中，就屬臺北市的社會福利政策最優渥，因此不少無家者都盼著能穩定租屋後把戶籍遷到臺北市，待到六十五歲時就能申請福利身分。

偶爾會和宗明在車站相遇的鍾建國，固定睡在臺北車站的西側。鍾建國年紀比宗明略長一些，已六十四歲了，再幾個月，他就邁入六十五。

經濟不穩定的生活，意味腦袋裡得隨時有個計算機，加加減減各種開銷和收入，衡量著手頭還有多少餘額，這數字將決定下一步的決策：要不要花一百四十元睡網咖、要不要花七十五元買一個便當、要不要開始租屋……。

鍾建國也內建這計算機，有次陪他去街頭舉牌打工，我們閒聊起他的未來規劃，問他是否打算趕緊租個房子好脫離街頭，他腦中的計算機喀喀作響地運算了起來，俐落地算給我聽：一週舉牌三天，一次八百，一個月大概有九千多的收入，「我現在是有工作，可是靠現在的收入租房子，壓力會很大。」

他穿著公司發的反光背心，倚著建商的廣告牌，廣告牌上畫著一坪破百萬的豪宅大廈。戴著露指手套的手飛快比劃，跟我解釋起租屋的收支問題：「租房子，便宜一點的一個月也要四千塊，還有其他水電瓦斯、網路等支出。也得擔心工作變少繳不起房租怎麼辦，手上沒有一點存款沒辦法租，我總不好住兩個月就欠租跑掉吧。」

偏偏住在街頭最難的就是儲蓄，「一個晚上覺也睡不好，颳風下雨或是旁邊有人喝酒鬧事，怎麼睡？然後清晨五、六點就得起床。很難好好休息。」鍾建國總是疲累，會去車站附近的慈善協會小憩補眠，「我年紀也大了，要多接工作存錢，真的沒體力。」還不如睡在車站附近，「也是一坪破百萬，還不用房租、水電，偶爾還有人來送愛心餐點。」雖然物理上的遮蔽，才能讓心裡的尺度變得廣袤自由，但究極的金錢考量下，鍾建國打定主意還是等六十五歲以後，申請到了福利身分、有穩定補助，金流調度比較不成問題後再談租屋的事。

不只打工，快要六十五歲的鍾建國正在積極為申請福利身分做準備。他首先要做的，就是處理好戶籍問題。

「要設籍六個月後才能申請社福身分，我現在要預備先把戶籍先遷到臺北市，等到六十五歲就能馬上提出申請。」鍾建國戶籍在南部老家，老家戶籍裡只剩他一個人。為了遷籍這件大事，他久違地與二哥通上電話，請二哥幫忙問問，他把戶籍遷出老家後，一干兄弟姊妹裡誰能把戶籍遷回去，「畢竟老家總不能沒有人嘛。」

但申請福利身分不僅僅是需要戶籍在當地，居住地也得和戶籍在同一縣市，申請過程中里幹事或社工也會幾次訪查，實地了解申請人的居住狀況是否符合扶助資格——確定申請人不是門口停著賓士，或有在夜市擺攤做生意，大筆地下經濟收入沒併入所得計算。

這表示，要能「家訪」，首先還是要有個「住處」。

雖然機構的安置中心可以開立借住證明，讓個案申請福利身分，但這福利身分僅有三個月效期，這段時間裡，個案得趕緊找到租屋處，將戶籍遷進去，才能申請到長期的福利資格。

這樣的制度設計讓人陷入套套邏輯：租不起房子的人需要福利補助才能穩定租屋，但想申請福利身分，就得先有棲身之處，還要可以掛戶籍，才有辦法讓程序往下走。

這也是為什麼宗明等人會在清潔工作之餘，同時關注這些空屋是否能成為未來的租屋處。至於不能設戶籍的租屋處，在宗明等人眼中對申請福利身分毫無幫助，不過就是個增加生活成本的東西罷了。

鍾建國看了我一眼：「你家住哪邊？臺北市嗎？我可以借住一陣子把戶籍掛裡面嗎？我睡地板就可以了不占空間的。」我抱歉地笑笑：「我住新北市。」鍾建國馬上嫌棄地嘖了一聲：「新北市不行，福利差太多了，我不要。」

租房是鍾建國現階段最大的夢想，但租屋市場上的歧視，往往讓他們過不了這關。

根據內政部統計資料，全臺約有二百九十萬八千的租屋人口。臺北市主計處二〇一九年的《租屋市場概況》調查發現，租屋家戶中，經濟或社會弱勢戶占了百分之五十三・二，戶長為六十歲以上者占了百分之三十二，而家戶為中低或低收入戶則占了百分之二十七・一。數據顯示經濟弱勢、高齡者都是有租屋需求的大宗人口，但這些族群，同時也是最容易被房東拒絕的一群。

親身走一回租屋流程，就能感覺到租屋市場裡充滿歧視。有的房東擔心家有幼童的房客，容易吵到鄰居，因此拒絕帶孩子的家庭；有些則是害怕租給離婚婦女，會有前夫拿刀找上門鬧事，搞出社會事件；還有房東會要求經濟弱勢的租客必須提供保證人名單，租金得一次繳三個月，能一次繳完整年房租更好。

至於高齡獨居的房客，看房子時首先會被房東質疑為什麼沒有家人，也懼怕萬一有個意外，房客死在房子裡害他房子變凶宅。且年長的經濟弱勢，還需要能掛戶籍的租屋處來取得社會福利，可多數房東害怕給房客掛戶籍或申請補助後，國稅局循線查到這筆房租收入，上門追討多年未繳的稅金。高齡房客因此被房東視為過街老鼠，房東大多是搖頭拒收。

為了要能申請社會福利，再爛的物件只要房東願意給房客掛戶籍，多數人硬著頭皮也願意租下來。明眼人一看便搖頭的居住環境，在租賃市場上反而成了搶手貨。

第一線服務無家者的社工芳婷看過太多爛屋，荒謬到有時她已生不了氣，只能用大笑來回應這世界的無理取鬧。她帶我在巷弄間彎彎繞繞，隨手指著她曾服務過的個案的居住空間。

「曾經有個個案，他租的地方根本不是房間，是一戶樓中樓裡頭樓梯下方的空間——跟小說《哈利波特》主角住在姨丈家時棲身的房間一樣——空間之小，一坐起身就會撞到頭。」這麼一個空間，居然開價三、四千元，讓芳婷看了就皺眉，但個案覺得自己只是需要一處遮風避雨的睡覺空間即可，因此仍是租下。

另個個案在大樓裡擔任保全，老闆介紹給他的租屋處，根本是那棟大樓地下室樓梯間的夾層，「老闆還跟他說，這樣離上班地點很近。」芳婷一聽忍不住冷笑出聲。至於一個屋頂下隔成十幾間房，房裡管線外露、電線老舊，或是牆上破洞，用紙板或波浪形的鐵片隨意遮擋的租屋處根本司空見慣。

面對這些公共安全堪慮的居所，芳婷總惴惴不安，深怕有個萬一，年事高、手腳慢的個案只能等死。但芳婷也只能無奈，不同的個案情況會有不同的優先順序，年過六十五歲的無家老齡貧窮者最重要的是先拿到福利身分穩住生活，至於對未來的恐懼，都只是未來的事，眼下個案需要的是先有個住處，讓日子過得下去。而光是避免讓生活跌到谷底就得拚盡全力低著頭盯緊一步以內的地方，哪還有餘力去想未來會如何。

每個從事老人服務的社工，為了幫個案找個家，大多都和房東纏鬥過，或偽裝成個案親戚，向房東擔保老人遇事會有人協助處理，不勞煩房東半分；或是「粉飾」一下個案的工作狀況，發傳單的說在營建業工作、做保全就說在服務業就職，以降低房東對個案經濟狀況的疑慮。

可就算社工練就一身武藝，要為高齡者成功租屋仍不容易，「我曾帶一位七十多歲的個案和他九十多歲的母親去租屋。房東一看年紀這麼大，怕他們哪天突然死在家裡，馬上就拒絕我們，你跟他說社工會裝緊急通報系統，出事我們會處理，但他還是不要。」談起租屋的各種難關，臺北市社會局萬華社會福利服務中心的第一線社工楚怡鈞有滿肚子苦水。

「租屋市場裡的年齡歧視，有時真的讓人很無奈。」龍山老人服務協會的主任楊純孝前後曾在不同的社福團體待過十年，做的都是老人福利相關議題，她曾碰上有緊急需求的長輩，需要先找個暫時安置的地方，「但是連旅館都不願意給我們住。本來說有空房，一聽到對方年紀很大，馬上說沒房間了。連有經濟能力的長輩也租不到房子。」楊純孝無奈聳肩。

「有錢都租不到」，更不用說經濟能力較弱的老人，早脫離勞動市場多年，大多依靠福利補助過活，在有限的補助款裡，能花費在房屋上的比例得斤斤計較，就更難覓得一處居所。

國際上普遍接受的「可負擔」租金範圍，落在收入的百分之三十上下，以避免房屋支出占比過高，排擠掉其他花費。

不過「可負擔」是一個相對性的概念，二〇二〇年主計處公布的「工業及服務業受僱員工」統計報告，全年總薪資統計中位數為五十萬一千元，換算後可負擔租金約為每月一萬三千九百元，這個金額在臺北市大約可以租到一間七、八坪的套房。其餘每月生活費約二萬七千多元，若精密控制支出，或還能做點投資，為退休規劃保障。

但依靠社會福利補助過活就完全是另一回事了。以一個月的補助一萬五千元為例，其中五千五百元花在房租上，雖然也只占了收入三成，不過扣掉房租後，一個月僅剩下九千多元的生活費，也得非常精簡地過，才有辦法平安撐到下個月補助發放的日子。

尤其生活成本越來越高，根據主計處統計，二〇二〇年每人月消費支出高達二萬三千二百六十二元，二〇二三年臺北市人均月消費支出高達三萬三千七百三十元。社福補助停滯不前，但民生物資卻是大幅上漲。一個老人跟我說：「現在一個便當都要六、七十塊了，真的很吃緊。」每月要能讓收支打平，成了一道複雜的數學題。

同一時間，居住成本也在不斷上調。二〇一一年二月起至二〇二一年七月為止，臺灣的租屋指數已連續一百二十五個月呈現上升趨勢。房屋比價平臺統計，至二〇二〇年十月，臺北市每坪平均月租金飆升到一千七百元[1]。

租屋市場的老齡歧視，再疊加上居住成本上揚、通貨膨脹驚人，領固定補助金額的老齡貧窮者，租金五千元上下的房子[2]，已是他們在可勉強過活的前提下，能夠負擔的極限。

處處都是關卡，限制一個人脫離街頭的機會。而部分願意提供租屋的房東，即便屋況不良，

1　〈打房打到誰？都會區租金暴升、桃園年漲15%〉，聯合新聞網，二〇二一年十月二十五日。

2　社團法人臺灣芒草心慈善協會二〇一八年進行的「臺北市遊民生活狀況調查」報告中指出，二百位受訪的無家者中，對於可負擔的房租部分，有相當高比例的人認為自身「無力負擔或不想租」，占百分之三十八，有七十六人；次之則是認為能負擔「四千零一元到六千元」的區間，占百分之二十六。

但只要能掛戶籍，就是老齡貧窮者少數能捏在手裡的救命稻草[3]。

走過幾個老齡貧窮租屋聚落，大抵可以發現房東本身也已高齡，房子雖老舊但也無心力翻新重整，在一般租屋市場上並不討喜，因此選擇租給願意屈就的弱勢租客。扭曲的租屋市場也最能反映一分錢不等於一分貨：不到三坪的房間，房租一個月五千五百元，平均一坪租金超過一千五百元。沒有居住品質可言，甚至連基本的安全都匱乏，讓老齡貧窮者成了貨真價實的住宅難民。

二〇一九年民進黨政府宣稱投入二十八億預算在住宅補貼政策上頭，擴大租金補貼適用對象，預計造福十二萬戶，租金補貼政策更在二〇二二年加碼衝上三百億、補助五十萬戶。政策上路後，內政部統計，租金補貼申請的核准率連續三年超過八成，換句話說提出申請的案件幾乎都應該能拿到補助[4]。

按理說最底層的弱勢房客應該是租金補貼政策最大受益者，可藉著租金補貼提高可支付的房租金額，以覓得較好的居所；或是能因為多了一筆補貼，讓生活從「扣掉房租後，生活被帳戶餘額數字折磨得死去活來」提升到「窮歸窮但至少能安穩生活」。

但現實總遠比想像來得骨感和荒謬。按照內政部規定，申請補貼的房子，首先必須符合基本居住水準：一人獨居的至少要有四坪空間，可多數老齡貧窮者能租到的房子，是一層樓隔出

十幾個房間、電線外露，走廊狹窄的低矮老屋。有的甚至還是違建、違法隔間，根本無法申請

3 二〇一九年上路的《租賃住宅市場發展及管理條例》中第五條規定，租賃契約具消費關係者，適用《消費者保護法》相關規定。而在《消費者保護法》的住宅租賃「定型化契約應記載及不得記載事項中」已明確規範「不得記載承租人不得遷入戶籍」，違者可處三萬至三十萬罰款。

雖然法規保護了租客的權益，但根深柢固的租屋市場權力不對等，仍然讓多數租客不敢憑著法律伸張權益。尤其在租屋市場最不討喜的弱勢租客，相對沒有談判空間，因此也鮮少拿出法規工具與房東談判。

4 二〇二二年營建署推出三百億租金補助，擴大補助對象與範圍，讓違建租客也能試著申請看看，不過由於有些老齡貧窮租屋聚落，是整棟蓋在國有地上的建築，連建照可能都有疑慮，這樣的房子依舊沒辦法申請租金補貼。另外，申請租金補貼還是有實務的障礙，雖然房客可以不經過房東同意，拿著租約就能申請，但有些房東在原本的租約沒有寫上身分證字號，缺乏房東身分證字號的租約無法申請租金補貼，房客又不敢請房東補上身分證字號，擔心房東發現房客打算偷偷申請補貼後被趕出去，只能吞忍。

二〇二二年的政策轉換期也出現不少混亂，像是有社工遇到服務個案早有申請到以往的租金補貼，因此內政部擴大補助時，直接被轉移到新的補助方案中，但個案原本是無家者身分，經由社工協助下穩定租屋。可轉移到內政部的租金補貼方案時，卻沒有得到「弱勢身分一．二倍」的補助金額，「承辦人表示，因為這個案已經不是無家者，他有穩定租屋了，所以不算弱勢。」

而最初推出的租金補貼方案，流程是只要申請租金補貼後，就先發補助給申請人，內政部營建署再同步審查租屋地點是否符合補助標準。結果遇到申請人的租屋處，該房屋的稅籍不是家用稅率，因此不合補助標準，當事人反而遭營建署追討回補助。許多社工在為個案申請租金補貼時，只能先請承辦人員查查地號，確認稅率符合再申請租金補貼，一來一往增加了行政成本和時間。之後營建署也提出修改方案，變更為必須申請通過後再發放補貼。

租金補貼。

雖然二〇二二年內政部加碼的租金補貼號稱違建也能來申請，不會將租屋資料同步交給建管單位，導致房屋被報拆。但有些住戶實在沒膽去嘗試，「萬一申請了，這邊反而被拆怎麼辦？」

政策的規則對有需要的人來說形成一個套套邏輯：冀望透過政策協助申請到福利補助，讓老齡貧窮者有錢能換去更完善的居住空間，但想要申請福利身分，首先得住在好房子裡，才能提出申請。橫亙在老齡租客們與租金補貼之間的，是他們無法跨越的租屋歧視，以及歧視之下，高齡者乏善可陳的租屋選項。

政策的荒謬性總讓人一再受挫，永遠找不到兩全的方法，以無家者為服務對象的社團法人臺灣芒草心慈善協會祕書長李盈姿也曾經嘗試協助幾位個案申請租金補貼，希望拿到租金補貼後，個案們可以租到好一點的居住環境，「結果很多個案好不容易通過核准，卻根本找不到房東願意租，最後只能放棄資格。」

這場流離尋租的旅程裡，老齡貧窮者的選擇寥寥可數。除了爛屋，大概只剩平價的出租國宅既能入戶籍，又兼顧了居住環境等各種條件。

但鍾建國正在處理戶籍問題的同時，住在出租國宅二十多年的佳南遇到了一尷尬處境：她在逼近六十五歲時，卻被通知「租約到期」。

佳南住的這處出租國宅，兩棟樓高十六層的大樓，雖是屋齡逼近四十年的老房子，電梯總發出怪聲，像爬不動的老者發出混濁喘息，下一秒彷彿要停機；大樓多年來傳出好幾起離奇命案，天井因此掛上網子，慎防有人墜樓，結果網上被丟棄許多垃圾，偶爾發出怪味。不過外界看來晦氣的集合住宅，卻是經濟底層人口難得的安穩居所。

以臺北市為例，出租國宅每坪租金大約四百元，再加每個月管理費五百多元，總體價格相較租屋市場裡動輒每坪破千元的物件便宜許多，是弱勢族群少數負擔得起的居所。

加上房東是政府，租約的彈性比起一般租屋市場友善許多。根據《臺北市國民住宅出租管理要點》規定，一般承租戶每期租約兩年，最長十一年，讓不少人能長租於此地。而特殊承租戶如單親、身障、低收或六十五歲以上者，租期還不受此限。至於原本的承租人過世，配偶或尊親屬年滿六十五歲且無子女者，則由臺北市都發局斟酌租約是否延長，不用擔心一把年紀卻因為親人過世被趕出家門。

只是底層人口租屋需求和平價住宅供應系統是個完全失衡的天秤。二〇二一年三月，臺北市都發局公告因中正和西寧二處出租國宅排隊申請的人數超過二千人，人數過多，因此須先消化完排隊人潮再另開放申請；加上奇岩和華昌兩處國宅因為屋齡均超過三十五年，不宜繼續受理候租，因此臺北市都發局公告停止受理這四處出租國宅的承租申請。可負擔的平價租屋處瞬間消失了一千五百多戶。

需求者眾但房源稀少，「我之前想說問問看要排多久，結果至少排十年。」這數字連社工都嚇一跳，只能打消幫個案申請的念頭。

雖然已相對友善弱勢，申請到出租國宅也不代表從此無憂。未滿六十五歲又碰上租約到期，恐就得搬出國宅，另覓住處。

一群姐妹裡，佳南是最晚遇到這問題的，樓上的子梅早幾年因為同樣原因，失去了國宅的住處。接到噩耗那時，子梅還差一個月零二天就滿六十五歲了。但就算只差一個月，一樣得搬遷。子梅如今已搬出出租國宅一年多，談起當初被迫搬家的事，仍是情緒高漲，「像我們這種沒房子、沒工作、沒退休金的，這麼老了，能搬去哪。」

子梅四十歲那年從中國嫁到臺灣，老公大她十七歲，「他本來做工地粗工，後來又做管理員。再後來身體不好，都是我養他。」子梅在醫院當看護，和丈夫兩個人租了國宅一戶兩房一廳的房型，房租一個月五千五百元。後來老公過世，國宅十一年的租約期限一到，她就馬上接獲通知要求搬走，找了好幾個月，好不容易找到一處小套房，這才順利搬家。

她國宅樓下的鄰居佳南就沒那麼幸運。佳南和子梅同樣在醫院當看護，佳南的老公大她三十歲，是個榮民。結婚沒多久，老公身體每況愈下，她只好分神照顧老公，工作有一搭沒一搭，「最後老闆問我要不要乾脆辭職」。辭職後兩夫妻的生活大多靠老公榮民身分，退輔會每個月補助一萬三千元左右的就養金來過活，經濟上更拮据。

丈夫過世後五年，國宅的租約期屆滿，佳南同樣收到一紙通知要她搬走。收到通知後，佳南成了關在籠裡的兔子，整日緊張，急著找房子卻遍尋不著，不知道下一步要往哪走。「我們這種年紀大的，房東聽到就不想租。而且你要掛戶口，人家就不願意，那不能掛戶口，我戶口要掛去哪？」講到租屋的難處佳南就哽咽。丈夫死後，佳南沒有收入，房租都還是先借錢來繳，搬家又是一筆花費，讓她頭更痛。「我照顧丈夫這麼多年，沒有功勞也有苦勞吧。政府不幫忙我，現在居然要我走……。」

曾有導演以這處國宅為背景拍了部電影，講述關於千禧年的世紀末寓言：傾盆大雨、瘟疫蔓延，一對陌生男女不肯離開荒廢的大樓。佳南也不想離開這棟大樓。

「但你如果到期不搬，國宅那邊的管理人員就會叫法院來強制執行，看是把你東西搬去外頭丟著，或把門鎖起來。」同樣是國宅老街坊的阿春，六十四歲那年搬出國宅，走過和佳南一樣的搬家惡夢。現實不如電影浪漫，沒有霓虹歌舞，只有傾盆大雨依舊。她當時託著鄰居、里長幫忙找租屋處，找了好幾個月，好不容易透過里長介紹才租下國宅附近一層二房公寓，「一個月租金一萬二千元。」阿春以前租的國宅，一戶租金只要三千元。

「沒錢也只能硬著頭皮先租啊，現在只能偶爾幫人代班做看護賺點錢貼補。」阿春六十歲時那年，大她三十歲的老公過世了，「之前我丈夫申請西寧國宅，排隊排了九年才等到。我現在申請（其他出租國宅），不知道還要排多久。」里長勸阿春還是先申請看看再說，「但我現在都六十五歲了，會不會我死了都還沒排到？也不用等了。」阿春苦笑。

雖然終於找到一處住所，阿春總覺得不安穩。阿春沒有和現在的房東簽訂契約，「房東只叫我先住著，但能住多久，不知道。」不能掛戶籍，又沒有租賃契約，阿春當然也沒辦法申請任何租金補貼，生活只能靠自己。

一群姐妹苦笑著告誡，若打算申請出租國宅可得算清楚了，等候的年限再加上租約期限，住到期滿前得剛好超過六十五歲，這才有機會能繼續租下去，否則就得成為高齡無殼蝸牛，到處覓屋看盡白眼。

找了幾個月，佳南還是沒找著新居。租屋這事占滿她腦袋，命運在身但力不從心，整日緊綳得像開著夜車在蜿蜒山路穿梭急行的駕駛，一點風吹草動都讓她內心地裂天崩。租約只剩二個月，佳南急得猛掉淚，但掉淚也沒用。老齡貧窮者的不幸都有相似的情節。繞了一圈，即將離開出租國宅的佳南只剩下一些老舊爛屋可選。

但這一群新住民姐妹們還在奮力掙扎，通訊軟體叮咚作響，你一言我一語地傳著訊息，看能否從人際網絡裡尋得協助佳南的契機。

她們找上李霞，李霞同是中國籍的新住民，創辦了臺灣紫點點多元文化發展協會，自己就是這協會的理事長。協會在一處大馬路邊的公寓二樓，要找到入口，得先繞進後方小巷，穿過一樓店家的廚房才能到達。

李霞的協會包山包海，從新住民姐妹家暴救援、急難救助金申請到老年新住民生活關懷無所不管。最近李霞發現，臺灣開放外籍配偶逾三十年，許多第一代新住民逐漸老去，新住民姐妹也開始面臨老齡貧窮困境，而這困境最先反映在「居住」議題上頭。

佳南的事落到她手上，比起其他人，李霞更常和公部門打交道，對公共資源的了解也較深，眾人盼著李霞能想出連結哪些公共資源來幫佳南度過這難關。但李霞腦袋裡飛快跑過一連串住宅政策，最後對佳南的事也是束手無策。

「就說這社會住宅吧，裡頭僅有百分之三十保障給社會與經濟弱勢來抽籤，直到二〇二一年五月才上修到百分之四十。」李霞睜著杏圓眼珠，語速飛快地說，「以臺北市來說，這百分之三十裡，其中百分之十給低收等經濟弱勢，剩下百分之二十就分給兒少婦老殘各種弱勢。大家混在一起廝殺，等於稀釋了個別弱勢的機會，最後就是在比誰慘，誰評點分數就高。你六十五歲、獨居，他七十五歲、身障，那你就輸了。」李霞思量著像佳南這樣未滿六十五歲，手腳靈活的姐妹，肯定慘不過其他人，排隊抽籤也是浪費時間罷了。

二〇二一年臺灣社會住宅的總戶數從七千二百八十一戶飛快成長到超過一萬九千戶，但各處拔地而起的嶄新大樓，對老齡貧窮者來說卻只是一場居住正義的綺麗幻夢。至於其他像是租金補貼等方法，又得繞回老問題上：得先找到願意租給老齡者的房東，拿到租約才能申請補助。

和李霞一樣，崔媽媽基金會執行長呂秉怡也想不出有哪個住宅政策幫得上忙，「所有政策工具擺出來，看起來很豐富，像一桌滿漢全席，但她就是夾不到。」佳南只剩自由市場這選項，「但大家都知道，像佳南這樣的個案，丟到租屋市場就是死路一條。」滿頭白霜的呂秉怡推了推眼鏡，想都沒想就說出這結論。

一九八九年參與抗議高房價的無殼蝸牛運動，一路到退伍後正式進入崔媽媽基金會工作，呂秉怡看過太多高齡租屋者的困境。崔媽媽內部統計也顯示，二〇一五到二〇一九年間的協助個案中，六十五歲以上長者的租屋媒合成功率低於二成。有穩定付租能力的長者尚且如此，更何況是像佳南一般的老齡貧窮者。

從租金補貼到社會住宅，佳南搆不到任何一項政策工具做她的浮木，根本的原因在於住宅政策只停留在「居住」這概念上，而未能與社福概念雙劍合璧，導致最該被政策安全網包裹的弱勢，反而摔了出去。

呂秉怡語氣裡布滿無奈，同樣的事他已倡議多年，對著來去的政務官大聲疾呼。早從二〇〇五年行政院核定的《整體住宅政策》裡寫下「顧及弱勢國民居住需求、建立適合且有尊嚴的居住環境」，民間團體期待的就是住宅政策能與社福概念結合，區分出目標族群，並為不同需求的弱勢者提供政策協助。

「例如社會住宅，最優先入住的第一名就該是獨居老人——獨老或雙老，因為他們就是租屋市場最弱勢的一群，有錢都租不到；第二是下肢身障者，因為租屋市場裡不會有房東願意花百萬為他們營造無障礙空間，而政府提供的社會住宅，才有機會滿足這些無障礙需求。這些最沒能力租屋的，就交給社會住宅，至於缺第一桶金買房，但在租屋市場相對有空間和房東斡旋的年輕人，就給予租金補貼協助租屋，讓年輕人可以留在都市生活。」

民間期待住宅與社福兩者結合，讓居住含括社福功能。但兩邊要能銜接，難關首先就卡在公部門之間。雖然二〇一一年《住宅法》終於修法將社會住宅正式納入，宣告政府承擔起興建社會住宅的責任。不過社會住宅的興建歸內政部，而社會福利業務則在二〇一三年衛福部組織改造中移轉到衛福部社會及家庭署。

負責蓋房子的部門不懂社福，社福部門則不懂居住，兩組概念要結合，就得雙邊協商，「本來兩個單位都在內政部，那就部長主持大局就能合作。可是分屬兩個部會後，光是協調就要上升到行政院層級，難度一下跳了好幾級——前提是院長有意願盯著。」呂秉怡苦笑地說。

呂秉怡也曾經遊說住宅部門不如乾脆內部自設社工，將社福資源引入社會住宅，「但住宅部門不想踩社福的線，一方面也覺得社福不關他們的事。」遊說還沒開始就碰壁。

住宅部門走不通，就換社政單位吧。但社政單位光是要處理各種緊急的社福議題就已焦頭爛額，呂秉怡幾次去敲社政單位的門，總不得其門而入，「我也不怪他們，因為從業務上來說，弱勢居住對他們來說比較算在做『預防』吧。他們光緊急業務就忙不過來，根本還沒力氣顧到『預防』這一塊，所以一直在抗拒參與這議題。」

住宅政策與社福各行其是，實際體現在一個人的生活裡便是：沒有選擇的弱勢族群，為了求得一個安身之所，願意放棄生活裡哪些部分？

如萍和同居人租的小套房只有五坪大，一張床再加上幾張櫃子，差不多塞滿了整間房。如萍幾年前家中出現變故，因此將女兒暫時送交社政安置，但她一直想把女兒接回同住。

可家裡只有一個房間、一張床，社工總告誡如萍至少得換個居住空間，讓女兒有獨立臥室，不能二個大人和屆臨青春期的女兒擠在一張床上。有了合適的居住空間，才有機會把女兒接回家。但五坪大的房間已是做資源回收的如萍少數負擔得起的租金。只是如萍的無奈看在社工眼裡卻是「不夠積極」，總要她找個正職工作來增加收入，改善居住環境。

轉機在前陣子出現，如萍排了十幾年的隊，終於排到位在萬華區的一處出租國宅，本來是值得慶祝的好事，偏偏房子位在高樓層，這處國宅又恰好是沒有電梯設置的公寓，如萍的同居人已行動不方便，爬不了這麼多階梯。難得的好運現今成了如萍心裡的重擔，十分為難，一下想著自己對同居人已仁至義盡，為了把女兒接回來，只能拋下這人，母女兩人搬去國宅；一下又捨不得這麼多年的糾纏……沒有一個兩全其美方法，生活裡看似有諸多選項，但「選項」不過是一種錯覺，永遠都是這邊差一些、那邊缺一點，勉強地撐著。

佳南準備搬家之際，地方政府都發局也正如火如荼評估起這處斑駁、公共設施老舊的出租國宅還能不能續住。四十年的高樓，外牆磁磚頻繁剝落、電梯老有怪聲，住戶長年處在不夠安全的居住環境中，市政府因此考慮改建或重建。

因改建補強老舊建物的效益不高，都發局最終選擇重建方案。二〇二三年底，這處出租國宅即將拆除。至於重建期間原住戶的安置地點，預計選在三百公尺外，建造成本十二億的社會住宅，深灰淺灰交織的新穎外牆，和坑疤的國宅相比，看上去舒適許多。房仲業者根據周邊租金行情推估，這處社會住宅的租金約落在每坪一千二百元上下，比起平價國宅高出不少。不過到了二〇二三年六月，國宅裡的住戶也都還沒聽說安置的具體細節。

老舊平價國宅垂死之際，新式社會住宅聚落正在興起。可惜住進了不再隨時有蟑螂爬上桌的嶄新樓房裡的弱勢族群，故事也不是以「過著幸福快樂的日子」作收，而是另一齣黑色幽默。

「大家都會覺得，社會住宅比起蝸居的房子，應該算是良居吧？」二〇二一年底一場居住正義和社會福利的研討會上，地方政府社會局官員在螢幕上秀出兩張照片，左邊是有配有電子門鎖和電梯的全新社會住宅，水泥隔間配上大窗戶，採光和通風皆良好；右邊是許多老齡經濟弱勢承租的蝸居雅房，不到三坪的方盒裡堆滿衣服雜物，牆上滿布電線，看著像是隨時可能因為走火而引發公安危機，小套房裡沒有對外窗，也沒有獨立衛浴。

那場座談上，與會者多是來自社福、居住政策相關的機關團體。官員發問完後，臺下一眾民間團體代表和社工皆沉默不語。社會住宅數量增長的幾年，第一線的工作者沒能感受到居住正義的落實，更多是在社會住宅衍生的新困境中來回奔波。臺上官員提的是一個陷阱題，臺下聽眾都心知肚明貓膩在哪裡。

臺上的官員頓了頓，按了下手上的投影片遙控器，「以臺北市大同區一處社會住宅為例，最低的租金一個月要八千，但不能申請租金補貼。若是一個低收補助每月一萬六千元的個案，住在蝸居的房子，又申請到租金補貼的話，五千塊房租用租金補貼繳，低收補助一毛不用花在房租上。」臺下聽眾紛紛點頭。

相較之下，住在社會住宅，一半的低收補助要拿去繳房租，一個月只剩八千的生活費。官員面露莫測的笑，臺下出現幾聲冷哼。「以財富自由的前提來說，你們覺得他應該住哪邊比較好？這問題我們可以放在心裡。」官員放慢了語氣，按了按投影片遙控器。

「社會住宅真的太貴了。扣掉房租後補助剩一萬，要過一個月真的也是不容易。前提是你的生活不能出任何意外——而弱勢族群的生活裡，常常充滿意外。」協助不少個案穩定租屋的社工也心有同感。就現實價格來說，社會住宅品質雖好，但絕對不是他們的首選。畢竟依靠福利補助過活的人，補助金花在日常也不過僅能打平，大抵都無法存錢，居住成本若上漲，占掉補助太大比例，不但影響日常，若不幸出現「大條的」費用，收支馬上會出問題，還不如屈就在那些不怎樣的房子裡。

令人咋舌的不只有社會住宅的租金價格，還有照顧品質。多數獨居的老齡貧窮者，同時還會申請長照和送餐服務，住在蝸居的套房，房東通常會把鑰匙放在固定地點，方便居家服務員或社工進出個案家；但在社會住宅，送餐的社工會被擋在管理員室，再由管理員打電話請個案到門口領餐。「他都請長照了你叫他下來，這合理嗎？」官員又是一抹笑，這次臺下有人忍不住笑出聲[5]。

最荒謬的是，官員曾經遇過一個八十多歲的個案申請到社會住宅。老人家有失智症狀，新落成的樓房給了老人乾淨又安全的居所，但老人就像放在華麗木盒裡的珠子，碰撞著四周發出不合時宜的哐啷聲響。曾幾次出門忘了帶鑰匙，人就在中庭裡晃，讓物業管理公司的管理員看得背脊發涼。

管理員不知如何應對，每次都是找上社工，要社工來解決；明明社工手上業務爆量，卻也不得不承擔起物業管理的責任。「有次老人再度被鎖在門外，我們找了鎖匠來，但電子鎖太高級，鎖匠打不開。」臺下終於忍不住一陣爆笑。

「門打不開，我們只好出錢先讓老人住旅館，之後再找其他鎖匠來開門。」臺上官員用力吐出一口氣，麥克風跟著發出雜音。「但老人如果是住在那種蝸居的公寓，大概會是：隔壁鄰居請老人家先到他房裡坐一下，然後幫他打電話給房東。老人家半小時就能回到家。」官員聳聳肩，臺下再度是一陣苦苦的笑。

缺乏支持服務，再好的房子，對弱勢者來說反成牢籠，老齡貧窮者想要有個家，「從來都不是選『好的』那個，只能選『比較不爛』的而已。」社工搖搖頭。

5 社會住宅也訂下許多管理規則，例如：全區禁菸，晚上十點以後禁止喧譁，寵物叫聲干擾鄰居時應禁止。如果違反規則，會依照情節扣點數，扣點表詳列了許多扣點項目，包括：在窗檯懸掛衣物或在露臺放置滴水花盆或滴水衣物致有水滴滴落屋外，扣三點。在社區內公共空間吸菸者，扣五點。扣滿三十點，就得搬走。

流落街頭是老齡貧窮者最極端的體現，研究報告裡的文字，在街頭上轉化成真實的生活模樣。待在街頭的長者們，有些是子女過得不好，顧不了家裡長輩，車站就成了老人的家。有些是生意失敗，沒能東山再起，只能流浪；還有些是一輩子都在打零工，走過經濟起飛的年代，卻捱不過產業轉型，被就業市場淘汰，過去沒來得及置產、儲蓄，又少了家庭支持，如今便只能睡在街頭。

攝影：翁睿坤

第三章 臺北車站的日與夜

勇伯終於去安置處所了。母親節前夕，勇伯的兒子趁著深夜開車來把勇伯載走，南下去了榮家。

清早來到車站的老張哥聽著鐵路警察說起勇伯的事，接著拿出手機拍了張相片，同步把勇伯的最新近況回報給社會局的社工。忙完勇伯的事，老張哥坐在臺北車站外的花圃邊歇口氣，瞇眼盯著車站外三三兩兩的無家者。

車站內的麵包店已開始營業，讓睡眼惺忪的通勤者能買個快捷的早餐果腹，甜膩的糖霜氣味透過排氣管傳送到室外，外頭的天色是一片鈷藍壓頂，多數的無家者早整理完家當，塞進臺鐵局發放的行李袋內。行李袋上寫著每個無家者的名字，一袋一袋裝滿他們如今的人生。裝袋的行李被推進臺鐵局東側的一處行李房的角落，直到傍晚才能重見天日。

無家者的行囊本是無處安放的，只能各憑本事藏匿，或隨身拖著就近看顧。二〇一七年臺灣舉辦世界大學運動會前，臺鐵局突然公告「為提升國家門面及臺北市之形象」，同年的十一月十三日起禁止車站外堆放行李。

這公告嚇壞大家，害怕唯一的家當被當成垃圾扔了，但無家者們一時又找不出地方能存放。

公共空間的包容度是一個浮動的拉扯過程，官方總會以各種理由限縮空間使用的方式——像是禁止人群坐在售票大廳，透過空間的管轄來規訓市民的身體；民間則必須爭奪回使用空間的自由，維持主導的權利。

臺鐵局的公告引出民間團體出面聲援，抗議官方為了門面不顧人權。後幾經協商，才拍板讓無家者的行囊可以集體堆放在南一門附近。

一直到二〇二一年三月，臺北市社會局承租臺鐵局北平東路上的行李托運寄存中心一隅，作為無家者安放家當之處。

從此每日早上五、六點，車站周邊的無家者得將個人物品收拾妥當，放到行李袋中，一直到下午五點，行李袋才會被拖出來，讓人各自領回。一收一放成了車站的早課與晚禱，區分出無家者的日與夜。

老張哥像在喃喃自語又像在對我說話：「有些人走了就不會回來，有些人過一陣又再回到街頭，來來去去；就像有些人會求助，有些人死都不會開口。我看很多了。」老張哥盯著無人的車站外牆。街頭對一些人來說，只是生命裡的一個中繼站，但對其他人而言，則是終點站。

車站也曾經是老張哥的中繼站。二〇一六年，老張哥在北車站外的花圃睡了一個月，最後一晚，他見著一名黑衣人來到車站，逐個與或坐或躺的無家者攀談——老張哥早見過這人好幾次，一直以為他是黑道或詐騙集團成員，專尋無家者當人頭戶——他問了身邊的人，黑衣人究竟是誰？「社會局的社工。」對方說道。

老張哥一個箭步趕上去，衝著黑衣人問：「你是社工嗎？」

「是。你有什麼事嗎？」黑衣人異常親切，果真不是黑道。

「我需要幫助！」老張哥說。

社工不怕有人攔轎伸冤，最怕不開口求助的對象，老張哥主動呼救，社工求之不得。經社工轉介，老張哥開始當洗碗工賺錢，洗了好幾年，「我洗碗很有效率的，大家都搶著要我。」但底層勞動風險多，老張哥曾被仲介惡性苛扣工資，和對方大吵一架，還有次穿著雨鞋，一個腳步沒踩穩跌坐在地，腎臟出血。他也試過去工地，結果對方嫌他年紀大不想用，「一直跟我說『大哥不要做這個啦』。」老張哥沒好氣地癟癟嘴，「什麼不要做這個！看不起我年紀大啦。」講完自己也笑了。

在無家者、洗碗工等身分之前，老張哥曾是營造公司大老闆。退伍後，老張哥與念書時期的朋友一起做營造業的小包商，「當年做營造，利潤大約一成，很好賺。」

談起以前做生意的風光，老張哥露出賊笑，在資訊系統尚不普及的年代，工程投標的文件都得透過郵務系統遞送，老張哥跟我分享營造廠如何惡意搶標：首先須打點好郵局的人，讓郵局內線給他們窺看投標相關的細節，搶先一步知道底價，以利他們拿到標案。「現在不行了，都電腦化了啦。」老張哥笑了笑，雙眼瞇成弧線。

營造做得順風順水，老張哥成立了自己公司，經手過不少大案子，像是高速公路、捷運站體等國家級建設。談著以前的生意經，老張哥興頭就來了：「做營造，要賺錢就要靠『變更設計』。」為了讓變更設計能通過審查，老張哥天天應酬，一晚上能在酒家、舞廳花掉五、六十萬。

老張哥特別愛跳舞，從高中時就訂製喇叭褲，翹課溜去舞廳跳舞。做生意時常常第一攤去酒店，結束後第二攤總往舞廳跑，「我都找年紀大一點的小姐，她們比較會跳舞。」那時老張哥喝酒也喝得兇，「一個人一晚上，三瓶威士忌。」

和多數人一樣，賺了錢便投資在房地產上，他曾在信義區還有棟房子，在中和有處地產。一九八〇年代，他在新店區買了獨棟別墅當住家，三百萬的價格，院子裡種的扁柏等景觀植物，都是他親自去挑選回來的，每一棵都是上萬。

有次我們閒聊起「曾經亂買過的廢物」，老張哥大笑說數不清了，朋友賣珠寶玉石他去捧場，十幾萬的玉牌、天珠，眼都不眨一下就買，還曾買過鋪在沙發上的羊毛皮毯。他也愛漂亮，講究生活風格。「我以前還每兩週就去修一次頭髮，一次一千多塊。還修指甲，修完還要拋光。」老張哥撥了撥一頭白髮，他的手如今和多數無家者一樣刻滿了細紋，手掌有時有汙漬、或一層油光附在皮膚上，手指甲凹凸不平，緣側有些龜裂，是做工的手，「現在我都三個月才去一次百元理髮啦。」

他的岳父岳母是新店地區的仕紳家族，受日本教育，篤信基督教，兩人在家都用日語溝通。「我丈母娘特別愛吃日式點心。」以前老張哥總會跑遍大臺北幾間專賣日式和菓子的店鋪，買一盒糕點回去討丈母娘歡心。

老張哥的人生在二〇〇八年金融風暴轉了個大彎。當年原物料成本翻倍漲，導致營建業掀起巨浪。彼時老張哥手上的標案預算早已訂下，但原物料價格一直變動，營建公司靠著不同案件的金流作為收支槓桿，原物料的價格攀升導致公司現金流一時卡死，「砂石本來兩百多塊漲到五百多塊、鋼筋從一萬三漲到三萬，這些全部要用現金支付。各方面都漲，公司不倒才有鬼。」

老張哥變賣資產換現，下午三點半是他每日最大的難關，三點半前他總心跳加速，擔憂支票跳票。「三點半過關，就去理容院按摩放鬆一下，一邊想著明天要去哪邊弄錢、要去跟誰見面。」那時他還想著要賭一把翻身，最後跟地下錢莊借了上千萬，「珠寶首飾都壓在那邊。」

丈母娘幫他清了債，「現在換我欠我丈母娘上千萬，想到就心裡過不去，那些錢本來是丈人、丈母娘留給我老婆她們幾個孩子的財產，卻幫我拿去還債。覺得很對不起他們啦。」

禁不住家人老問他欠款要怎麼解決，老張哥索性離家出走，「有點耍無賴那樣，跟我老婆說我不想回家了。她也不高興，就說：『好啊！我看你到老回不回來。』」

二〇一一年，老張哥離家後住進後車站一處小旅館，「一天房錢六百五十塊。」一個人窩在貼著碎花壁紙、梳妝檯塑膠貼皮掀起一角的小房間。偶爾去必勝客點一個大的夏威夷比薩，分兩餐吃。獨居在外，有一年朋友邀他一起到南部過年，「還在家裡弄一個房間給我睡。」朋友一家三代團圓，和樂的氣氛太過灼熱，老張哥睡了一晚，隔天大清早便收拾行李溜出門，獨自坐車回臺北。

人生從有到無，像是走到頭了，從前一天花幾十萬，如今一週得靠幾千塊過活。他本來想尋死，「我以前喜歡釣魚，就到後火車站的五金材料行買一綑童軍繩，坐了火車往頭城去，想找個以前喜歡的釣魚地點尋死。」

「結果坐過站，走好久才到目的地。」沉甸甸的童軍繩就壓在包裡，老張哥想找棵樹上吊，但他還提不起勇氣，來來回回繞著，「一下擔心有人看到，一下又害怕。」那繩子就這樣隨身在他包裡躺了幾月有餘，「就是沒有膽去死啦。」

上天無路下地無門的時候，以前做工程的朋友幫老張哥找了一點工作，「做掮客，幫忙牽線。」讓蒼白的日子繼續漫無目的地往前走。有天和朋友去喝酒，再去舞廳續攤，結帳時老張哥突然倒下，心肌梗塞送醫急救，還裝了支架。接著半年老張哥連續三次心臟病發，護士說他來得太勤，要他戒菸，老張哥指著鄰床的病人說：「他還打羽毛球運動呢，不也心肌梗塞，打球都倒下了，我還戒什麼菸。」

朋友見他心臟裝支架，隨時會倒地，都不敢再找他。身邊的現金花光後，老張哥走到臺北車站，待了下來。

以車站為圓心，聚集著無家者，以及各種依著底層而生的經濟體，例如各類零工的掮客，找人去出陣頭、抬棺、還有抗議場合充人頭。

正經工作之外，也有不斷物色「新來的」，拐騙對方充人頭的詐騙集團。「我也曾經幫人家當人頭買易付卡。買一張賺三百塊，十張賺三千。」結果隨即被抓，成了詐騙「幫助犯」，老張哥吐了吐舌。

法庭上法官質疑老張哥明明曾經當過老闆，好歹也是有見識的人，怎還傻到去幫詐騙集團當人頭，這問題在老張哥耳裡只覺荒唐，付出代價是未來的事，但填飽肚子可是眼下的事，對街上的人來說，理性不過是一種虛幻，生活的苦難才是真實。「我就嗆他：『你有沒有餓過？有沒有流浪過？有沒有睡在外頭連物資要去哪裡領都不知道？人到那個地步，什麼都願意做啦！』」老張哥還是被關了三個月，「別人都關六十天，我關三個月，有夠倒楣的。」

至於那三千元，「當天我買東西請（臺北車站）這邊的人吃，就花光了。」老張哥自顧自地笑出聲。

當了洗碗工後，老張哥開始租屋，脫離街頭。租屋處是一層樓隔了五、六間小雅房的舊公寓，位在往昔臺北城的打鐵街附近，巷弄裡每隔三步就有一間汽車引擎修理廠，門口擺了幾十臺引擎，地板被機油染得黝黑黏膩。雅房一個月五千塊房租，水電四百塊。房裡塞了一張雙人床、一個大衣櫃和一張木頭書桌，是他全部的家當。床墊沒包上床單，床上扔著一疊藥袋，還有一臺網路分享器擺在床鋪的右側，「我就睡左邊。」他隨手指了沒被雜物淹沒的那一側。

在外這麼多年，老張哥的兒子都有了孩子，但當爺爺的他至今沒見過孫子一面，「我也是有次去辦戶口名簿，才發現家裡多了個孫子。」

他說丈母娘其實早不計較，要他回家，但他心裡的坎還跨不過去，回家的路太難走。有天他傳訊息跟我說，「我又多一個孫子了。」孫子正好一男一女，「湊個好。」

車站成了老張哥生活的重心，社會關係與人際網絡全在這，「我現在的心思，就是把（臺北車站）這裡顧好。」

這兩年老張哥成了車站的土地公，我們總坐在車站外長廊下避暑，坐在他身側，話題老被打斷，一刻鐘裡便能瞧見好幾個人走過來插嘴和他搭話，詢問各種事。

「今天有便當嗎？」

老張哥應聲：「有，今天禮拜四，是法師送的素便當，等下五點多在那裡排隊。」一邊說邊用手指了指車站外廣場一處。

老張哥初到臺北車站時，雖然有許多善心人士會到此發放物資與便當，但總沒有規律，常常有時一天有好幾餐、隔天又一餐都沒有。他觀察著那些會定時來發物資的團體與個人，一陣子後主動上前攀談，跟對方約好定時、定量來發放餐食，把物資平均分散到每一天。「現在每週一有個師姐、週三有個醫生會來發晚餐。」

接著又有另一人走來向老張哥抱怨，「剛剛發的餅乾太硬了啦，我又沒牙齒，咬不下去。」對方一臉委屈，手握一包著實很硬的乾口糧。街頭上的生活難以維持基本的清潔，大多數人牙口不好，老張哥自己也早沒了一排門牙。

「用含的啦，口水和一和就軟了！」老張哥擺了個抿嘴的表情，笑罵著趕走對方。

周邊有事，每個人都知道要來找老張哥想法子。最近一個老人不吃不喝，躺在車站西二門牆外好幾日了。老人站不起身，便溺在褲子上，「屁股上一大包大便，沒辦法清。」一眾人束手無策，老張哥想辦法打電話找救護車來送醫，連病床都喬好了，但救護車到了，老人拒絕上車，救護人員只能搖頭離去。

「後來我們想說把他灌醉，製造失去意識的模樣，再把他送醫。」一夥人圍在老人身側，七嘴八舌地想著如何灌醉他，有人出主意說用高粱，另一人馬上阻止，怕酒精濃度太高，不小心真出了事；又有人說還是啤酒好了，但隨即惹來一陣笑：「啤酒怎麼喝醉？」最後老張哥買來兩瓶米酒，老人咕嚕咕嚕灌下肚，「結果喝完以後人也沒醉，酒量有夠好！」一攤手，老張哥苦笑。

在車站多年，老張哥觀察到越來越多的老人以車站為家。二〇二〇年臺北市政府社會局人民團體科科員王悅發表的《「他還會繼續睡在街頭嗎？」無家者的脫遊預測分析——以臺北市遊民工作暨生活重建方案參與者為例》研究報告中顯示，二千零九十位受訪的無家者中，六十至六十九歲的無家者占了百分之三十，五十至五十九歲則有百分之二十九，中高齡人口超過半數。

貧窮的相關研究裡，老齡貧窮的歸因大致有四類：長期低薪或就業不穩定、太早離開勞動市場、退休準備金不足，以及家庭養護功能下降。

流落街頭是老齡貧窮者最極端的體現，研究報告的文字，在街頭轉化成真實的生活模樣。老張哥指指這人又指指那人，放眼所及，待在街頭的長者們，有些是子女過得不好，顧不了家裡長輩，車站就成了老人的家。

有些和老張哥一樣，生意失敗，沒能東山再起。「像那個人，以前在中國開工廠，有天工廠倒了。」老張哥努了努嘴，偏頭望向車站一角，有個白髮蒼蒼的老人，獨自矗立在屋簷下。「人生就是這樣，說倒就倒，什麼都沒了。」

還有些是一輩子都在打零工，走過臺灣經濟起飛的年代，隨著臺灣進入後工業時期，產業結構轉變，服務業漸次取代製造業，但聘僱人數不如往昔的製造業那樣多，邁入中高齡的零工工人，工作機會縮減，過去沒來得及置產、儲蓄，又少了家庭支持，如今便只能睡在街頭。

一大早騎臺中古腳踏車在車站周邊轉的廣志停在老張哥面前，兩人閒聊起來。

睡在車站東南側的廣志，頭髮已稀疏，說話時總愛瞇著眼笑。他年輕時是體育競賽的國手，雖上了年紀，還是看得出身材厚實。廣志有時會在附近公園教人運動，分享他的養生經。

廣志以前做工地粗工，現在體力直落，負荷不了高強度的勞動，只得換一些低勞力密集的零工。為了維持生活，他打兩份工：早上那份做的是車站周邊的清潔維護，像個朝九晚五的上班族，九點便能見他騎著腳踏車繞著車站轉，沿街把撿到的飲料瓶、塑膠袋往車頭前的置物籃一塞。

「你女朋友咧？」老張哥像個老父親般問起廣志。

「去工作了。」廣志笑咪咪地說。老張哥似乎很滿意這答案，點了點頭。

廣志的伴侶是他二〇二一年初時認識的一個女孩子。「過年期間，車站附近的教會舉辦活動，還有抽獎和紅包，每個人都可以拿到，有兩百塊。」廣志在教會遇見女子，中國籍的女子說原本和丈夫住在公家宿舍，老公過世後沒留下房產，她只好到車站流浪。

「我怕她在外面被人欺負，提醒她要小心。這裡騙女生的很多。」

「就你最會騙女孩子。」老張哥倒是毫不留情地嘲諷著廣志。

廣志依舊笑臉迎人，他說兩個人後來就這麼好上。「她也很認真，會去做清潔工作。」晚上下工後，女子就睡在廣志的地鋪裡邊。兩人還為地鋪搭起蚊帳，避免夏夜有蚊擾人清夢。

老家的兄弟知道他住在車站，總不能理解廣志在想什麼。「他又不是沒有家，他可以回家啊。他自己選擇這樣的……。」

剛過六十五歲的廣志老家在東部。家裡七兄弟姐妹，他是家中老么，和大哥年紀差了十歲。家裡孩子多，管不了他，「我以前在家，人家叫我吃飯我就吃飯，拿了筷子就夾菜，被我哥哥罵說『阿爸都還沒動你就先吃』。」

幾個兄弟裡，有人經營祖輩留下的報關行，有人是地方民代。廣志則是到處漂泊，國中讀建教合作班，去桃園的紡織廠當學徒，年紀再長些就到處打零工，「我也有漁民證，有時會出海。沒有出海的時候，就到臺北打零工。」他在廣播公司當工友，下班就和英文節目廣播主持人賭象棋，「賭那種五角、一塊的，每次都輸他。」也做過建築工人，蓋社會住宅。

他年輕時當國手，曾代表地方出賽全國運動會，也有好幾張跟縣長的合影。「有次我坐火車回老家，在車上遇到縣長，他還叫我坐他旁邊，要跟我聊天。」廣志本來擔心縣長隔壁的位子有人買了票，他若坐下便占了他人的座位，倒是縣長揮揮手跟他說：「隔壁那位子也被他們買下了，沒人坐啦。」

他愛賭，「賭那個天九牌啦。我爸留給我的財產，我本來拿去買房子，因為欠賭債我就把它抵押給銀行。」那幢透天老屋如今還在，銀行拍了幾次總沒拍賣掉。廣志就把他隨處撿回來的神像都放在裡頭，「路過的人還會停下來拜一下，以為是什麼廟。」他自己也覺得荒唐好笑。

在南港蓋社會住宅時，廣志有次從鷹架上跌落，傷了後腰。「我們這種沒有勞健保，我也不想麻煩老闆，就自己躺在臺北車站這邊休息，去附近花圃採草藥吃。」聽他自己採草藥，我問他認得哪些是能吃、哪些會中毒嗎？他竟露出一個得道高人的神祕表情，說那是他有學過，能辨識草藥。一般人隨便吃可不行。

草藥吃完，他說隔天去小便時覺得有些痛，接著幾顆結石從尿道排出，「掉在小便斗，『匡』一聲好大聲。」廣志摸了摸稀疏的髮，笑說自己因禍得福。

老張哥老勸廣志帶著女友去租屋，別睡在街頭。但廣志不願意，他趁著老張哥轉頭和別人說話時拉著我抱怨，「做粗工一天才一千一百元，假日上工還不算加班，沒有雙倍薪資。」廣志算了算：「買便當和飲料，扣一扣一天只剩七、八百。」

廣志的另一份兼差，是傍晚時幫忙搬運無家者的行李袋，早晚各一次將行李袋拖進又拖出車站東側的行李托運寄存中心，但兩份零工加起來，要負擔居住成本仍是吃緊，兩人選擇睡在街頭，省點錢。廣志聳聳肩談起打工趣聞：「之前扛兩袋行李，有人跟我說行李的主人死了，我嚇一跳。」他還是一副笑臉：「主人死掉的行李要交給社會局，不能自己留著，不然晚上會有人拉你的腳喔。」

廣志的老家附近，一九八九年曾經出過一件大事。地方媽祖廟的廟方用漁船載著神像，直奔福建湄洲「謁祖」，在兩岸禁航的年代創下宗教直航先例。當年十九艘漁船組成的護駕團衝破海上禁令，被地方鄉親視為一項壯舉，總掛在嘴上說。義無反顧走一遭「謁祖」的廟方和船長引發政府驚恐，返航後隨即遭到約談。

廣志也是媽祖信徒，每年地方舉辦遶境儀式，他也會騎著機車回到故鄉參加盛典。「每次遶境都要花好多錢，有次花了三萬多塊。」他也騎車載女友走上四十幾分鐘的車程回老家逛逛，女友嫌機車坐久了不舒服，寧願坐火車，廣志撇撇嘴不以為然，六十五歲仍像少年一般嚮往馳騁追風。過了幾個月，他跟我說已和女友協議分手，我不好多問是否跟那趟機車旅行有關，他也只說「對方值得更好的對象啦」。

繞境結束後，他從老家帶了一尊媽祖神像來車站，神像就安在一臺娃娃車上，遮陽罩拉起來正好能擋住神像上方的日光，前方的推車杯架如今放了插在盒裡的三炷香，供品擺在腳踏墊上。「我那時有擲筊問祂要不要跟我來（車站），祂說好，我就把祂帶來了。」

早上，娃娃車就停在行李託運寄存中心，來往的人看到也會停下來拜一下；每日傍晚，廣志再把媽祖從行李托運寄存中心推出來，停在自己睡鋪旁。

還沒過午，廣志悠悠騎著車又去巡邏一番。車站周邊的無家者多數都已前往上工地點，車站周邊顯得冷清。

二〇一九年臺北市社會局委託社團法人芒草心慈善協會進行的《臺北市遊民生活狀況調查》裡，二百位受訪者中，百分之五十五．五在受訪期間有工作，工作經驗超過三年的也有八成，同一份報告指出，有工作的無家者平均月收入八千四百九十七元。

無家者的就業比例較外界的刻板印象高出許多，老張哥就曾和路人爭執，「有的人根本什麼都不知道，就指著他們（無家者）罵人家好吃懶做。我跟他說你不懂不要亂講！」

「你不要看這邊的人大多上了年紀，他們都很勤奮，有工作就會去做，洗車、洗碗、掃地……中風還去舉牌的也有。」老張哥帶我繞著車站一周，指東指西地說起無家者的事，那語調像是在跟我叨念著自家晚輩一般。

車站也會聚集各種招募臨時工的工頭，例如有時不同政黨需要人頭在造勢場合充數，也會到車站附近招工，「一次六百、七百，有人今天去統促黨的場，明天去獨立建國的場。」老張哥邊說邊笑出聲。

三月到七月還是廟會旺季，車站附近的無家者們多會去出陣頭賺點生活費，「比起去幫忙送骨灰罈上山、抬棺材這種『白番』，大家更喜歡出陣頭這種『紅番』。因為現場會提供啤酒。」

包管無家者們的吃飯問題外，老張哥偶爾也包派工。一個滿頭花白的男子路過，老張哥趕緊叫住對方，「洗車的你做不做？月休四天，三萬。」對方連忙答應，老張哥約好過幾日帶他去認識老闆，對方眉開眼笑地走了。他還介紹許多人去臺北港當粗工，「包住宿，一天一千三百塊，晚班還更多一點。」

老張哥心裡認定，人有勞動的必要，那也是脫離街頭唯一的路，他總勸著別人去工作，也幫忙介紹工作。「勞動力」暗示一種街頭上的階級，有工作能力的人，隱約帶著苦幹者的驕傲，不是「等著分」慈善物資的乞討者。

但底層勞動是雙面刃，同時隱含另一種剝削，對沒有選擇權的人來說，勞動的價格總是別人說了算。「在這邊的都是底層，任人宰割。人力派遣的粗工，在外面一天也有一千七，何止一千三這個價格，但車站的人去做，錢就是比別人少。」說起這差異，老張哥語氣裡有些憤恨。

不過工作翻身、脫離街頭的夢想也並非總能實現，有人厭倦了不斷努力工作，卻一樣入不敷出，待在街頭的日子像在原地踏步。對努力感到疲憊的人，偶爾會選擇偷拐搶騙的方式來度日，「像我介紹一個人去工作，先借了他兩百塊當車資，然後他去了工作地點，又跟老闆借了五十塊，說媽媽死掉要回家看看。」老張哥撇了撇頭。「根本胡說八道，我很不喜歡這樣。這種我之後就不會幫了。」

雖不屑有人偷拐搶騙，但老張哥心裡清楚，「貧窮」才是問題根源，無家者既不邪惡也不危險，只是並不體面優雅。但他不是慈善團體，不想將機會和資源重複花費在同個地方。

除卻外出工作的無家者，白日裡剩下還在車站遊蕩的，大多是年紀更長，或身心障礙者。這些人遠遠被勞動市場拋飛，沒有了生產價值，只得在此停留。他們身處城市的中心點，卻隔絕於這座城市之外，靜悄悄地。

他們或坐在一處梁柱旁打盹，進入漫長的睡眠，或繞著車站轉，偶爾翻翻垃圾桶、找找菸屁股，或直挺挺地站在馬路邊，朝著每個和他對上眼的人嘶吼，或在二十四小時營業的速食店裡點上一杯熱咖啡待一整天，或挨著坐在一起，絮絮述說各自不同的愁苦，卻也能湊成一段日常對話。

貧窮和無聊像對孿生雙子，無事可幹卻又吃不飽時，只能待在時間這座牢籠裡熬著。

一直到日頭從車站屋簷的東側走到了西側，其他無家者才會陸續回到車站，像下工回家的人一樣，坐在熟悉的花圃邊捧著便當埋頭扒飯，接著點根菸閒聊一陣，或圍成一圈打牌，直到天色暗到看不清紙牌上的花色，才開始就著路燈鋪墊起自己的床位。

這邊一個會用紙箱堆疊出一座方形堡壘，那邊那個則是用幾根掃帚柄撐起一方蚊帳。也有的將便利商店塑膠傘撐開，疊成了一個繭那樣，人就窩在裡邊，到了隔日一早再孵化。

車站外牆廣告看板上的燈斜打著路面，燈下的暗處是無家者的家，路的另一側，花圃邊上還有夜歸的行人旅客，斜倚著牆一手滑手機一手夾著菸。大路朝天，各待一邊。

日常的規律下有種躁動在蔓延。二〇二〇年初，新冠肺炎籠罩世界各地，臺灣躲過了最初的攻擊，但二〇二一年的初夏，恐懼從一個概念化為實體，五月中，臺灣進入三級警戒，那不只是減少外出用餐次數，或是居家辦公，在街頭與無家者身上，日出的第一道光線至正午燦爛中間那一段無法定義的時刻裡，無意義的時間引發了沮喪，只剩熱氣蒸騰。日常被摧毀，人潮群聚的廟會紛紛延期，陣頭變少；餐飲業取消內用，洗碗等工作跟著消失。

貧窮意味著一點可惡的意外就能剝奪生活的全部，而年紀大的無家者，更承受著勞動與空間的雙重排除。他們本就是人力市場的邊緣戶，能做的都是勞力活，或是無技術門檻的零工，例如舉牌、派報和清潔。

身體是他們唯一的資本，時薪一百八十元起跳的洗碗工作，一天工作六小時就能領到一千多塊的薪資；假日舉牌，兩天能領到一千六百元的工資，一個月就有六千多的生活費，這筆錢多少貼補日常餐食、飲料和香菸的費用。

如今全球肆虐的疫情降臨，沒有任何風險承擔力的無家者成了首波犧牲者。工作機會被壓縮後，夏季就更難熬了，鎮日待在車站的人變多，只剩年紀還不大、幹得了工地體力活的無家者還有機會接點粗工。

「那幾個月真的很慘，就是吃老本啊，以前存的幾萬塊都拿出來用。」鍾建國本來一週舉牌四天，隨著體力下降改成一週出班三天，但新冠肺炎疫情肆虐的那幾個月，工作全部停擺，「政府的紓困補助也才一萬塊，根本不夠貼。」

露宿街頭，等於私人領域與公共空間高度疊合，平時彼此各顯神通，在都市裡尋找可以藏躲的地方。

鍾建國沒有工作的時候，一早五點多清醒，收拾好家當便騎著腳踏車到蔣渭水公園，「銅像後面有個小房子，裡面放很多簡報，貼一些蔣渭水的事蹟什麼的。那邊的牆壁有插座，可以充電。」他笑嘻嘻地跟我分享他的祕密充電站。接著九點半，鄰近的社福機構開門，他再進去機構裡頭睡一下，洗澡和洗衣服；有些人則躲是在圖書館裡，享受一下空調和寧靜，還能把隨身物品藏在上鎖的置物櫃中。

疫情暴起後，圖書館緊閉大門，社福機構暫停運作。提供盥洗服務的萬華社福中心出現確診案例，中心關閉，人員隔離。免費的空間沒了，其他需要小額費用的公共空間也陸續消失，網咖、運動中心相繼停止營業，無家者只能暴露在光天化日下。

車站內的充電站和飲水機為了避免人群群聚，紛紛暫停使用。站內的便利商店也不再提供熱水，連泡麵都沒地方煮。

被迫留在街上的人越來越多，「居家防疫」這句口號在街上反而顯得淒涼。在拮据的環境裡討生活成了一門複雜的技藝。無家者或繞著車站撿拾菸屁股，或躲在殘障廁所裡使用插座充電。喝水是一項艱難的任務，「還好公園裡的土地公廟還可以裝水。」一個無家者跟我分享另一處免費資源。還有一個老人不知從哪處的圍牆邊水龍頭弄了桶水來，打著赤膊站在花圃邊的隱匿處，將毛巾沾溼後擦澡。

少了零工收入，生活窘迫得讓人沒心思想其他事。無家者只能等待善心人士發放的便當和物資來果腹。生活全憑他人的慈善來維持，一個人的主動性與選擇權皆消失無影。沒人發便當時，就得餓肚子。

沒什麼挑剔的餘地，難得遇到有人招工，一個八十多歲的阿伯趕忙報名參加了陣頭，「清早出門晚上才回來，一天賺八百——有的工頭還會抽一手，工人只能領到七百——阿伯還興奮地說下次還有，記得要找他。」老張哥聳聳肩。

四十出頭，還有充足勞動力的明憲本該是這場瘟疫底下少數能挺過去的人。他年輕時進出監獄，家人親友早斷絕往來。他出獄後在街頭流浪，接一些拆除建物的工作過生活。二〇二一年五月中疫情大爆發，有天他剛從工地下班，坐公車到萬華的華西街夜市吃飯，聽到旁邊有人說附近有篩檢站，跟著大夥一起去做了篩檢。

「隔兩天我躺在公園睡覺，一早被警察圍上來問我名字，我回答完，他們接著說我要去隔離。」明憲還在酒醉中，打著赤膊一臉茫然，盯著一群和他保持社交距離的員警們，還沒搞清楚狀況就被丟進檢疫所。「原來是篩檢站護理人員全部中了，那幾天有去篩檢的也全部抓去隔離。」

他原本也睡網咖，東西全鎖在網咖的櫃子裡，在檢疫所隔離期間，政府宣布網咖暫停營業，明憲連想請人幫忙拿私人物品也沒辦法。「身上連件衣服都沒有，還是護理人員給我一件醫院穿的那種長袍，才有上衣穿。」他又請熟識的社工送兩條內褲來，才撐過那十四天。

明憲的手機落在公園，隔離結束後手機早已找不回來。想工作，但以前熟識的工地主任知道他去過萬華，還被隔離，全不敢用他，「我又沒確診！但他們就推說不缺人，不敢用我。」沒錢、沒手機、沒衣服，明憲只好又回到公園待著。

緊急狀況下的街頭總是風聲鶴唳。才剛過中午，老張哥就不得閒，急著要去附近警局一趟。前一天夜晚，一個未成年女生出現在車站邊過夜，幾個無家者見著，怕她有危險，遠遠地護衛著。

一大早趕緊通知老張哥，讓老張哥找鐵路警察來幫忙。

鐵路警察把少女帶去鄰近分局，老張哥怕她沒得吃，拎了個便當要去看看她。少女一臉青春，說要來見網友，老張哥和員警互換一些資訊，安心地走出警局。還沒走回車站，又出事了。「警察巡邏時看到一個沒戴口罩的無家者，要對方戴好口罩，結果那人拿出小刀刺傷員警。」老張哥嚇出一身冷汗，他怕無家者的日子會更難過。

平日白天的車站周邊異常冷清，連車子都少了許多。我掏出那陣子上網買的護目鏡遞給老張哥，他笑著問我要去做電焊嗎？但還是接過收下。誰知道疫情會持續多久呢，做點準備總是好的。

常來北車派工給無家者的工頭和順在老張哥身邊坐下，兩人談起一位最近去做清潔工作的無家者，老張哥邊探問對方工作狀況，邊遞了支菸給和順。

和順是這街頭生活圈其中一環，許多人透過他轉介，有了清潔打掃等零工機會。他自己是單親爸爸，身上有負債，還獨力扶養女兒。為了掙錢，和順假日騎車上陽明山當洗碗工，從下午洗到凌晨，或兼差去公園修剪樹木，「有錢賺都不累啦，不然我女兒補習費一個月也是要上萬，要怎麼付。」

他用帶著江湖氣的語調說，自己只念到國小就沒升學，是個文盲，也曾經睡在橋下，結婚生子又離婚。小時候被打罵著長大，如今當了爸，他笑說自己也不知道怎麼教孩子，「我還有在上親職教育的課，學著怎麼跟孩子溝通。我小時候被打大的，但現在已經不能這樣教小孩了啦。」

疫情雖不至於影響他的工作，但念國小的女兒學校改成線上教學，倒讓他煩得不得了。「我們家沒有電腦，只好走去附近同事家借電腦。」偏偏和順住的地方位於疫情重災區，女兒出一趟門上網課，也難免讓他提心吊膽。

我們聊著防疫補貼，我問他拿到補貼後會不會去幫女兒買臺電腦？「我應該會先拿去還債吧。」他想不起日子裡沒有負債的時刻，「先顧好生活比較重要，電腦這個暫時不會去想。」他苦笑，笑得無奈。

暑假來臨，和順只能帶著女兒到工作場合，搬著一張小板凳要女兒坐得離其他人遠遠的，「我也不能把她一個人留在家，只好帶過來。」女兒跟著他出門，會不會擔心增加感染風險？和順說他沒辦法想太多。每一個選擇都會產生連鎖反應，病毒攻擊的不僅是身體脆弱的部分，還有社會上風險承擔能力低的一群人，他就是其中一個。

和順和老張哥的身後坐著一個沉默的女孩，口罩和帽簷之間露出的大眼有些不知所措，「她這幾天剛來，是個東南亞籍的外籍配偶，因家暴逃了出來，精神狀況不太好。」老張哥通知了女孩戶籍所在地的社工，看看能怎麼協助。

「她剛到街頭，我有點擔心她被欺負或被騙。還好有另一個無家者一直在幫她。」老張哥指了指佇立在廣場上仰頭望天的一名男子，「他也有精神狀況，常站在路邊看天空。你看太陽這麼大，他還盯著太陽看。」老張哥邊說邊瞇著眼指了指男子。這幾天都是男子主動拿便當給女孩，兩個人還會坐在一起說話。

城市的溫柔與殘酷都在這，因各自生命的關卡而選擇出走的人，在街頭編織出一張互助的網，依賴著城市的善意和渣滓過活。「這裡很多人都願意付出，一個人對別人的好，會出乎你意料。」老張哥挑了挑眉說道。

一個穿著無袖黑色連身洋裝的女孩走來，蹲下身和車站外廊柱底下的一名無家者攀談起來，遞出手中一大盒鮮奶油蛋糕。女孩走後，一群無家者聚了上去，分食了蛋糕。一夥人或站或坐，靜默地享受突如其來的下午茶，夕陽把人照成剪影，像西部電影的畫面一樣。遠遠望去，真像是一群人在慶生似的。

接近傍晚的魔幻時刻，還有零工能做的無家者陸續回到車站，聚到老張哥身邊等著固定送餐的愛心便當到來，彼此叮囑把口罩戴好。

固定晚間來送餐的善心人士和老張哥相約五點半碰頭，幾個無家者拉著推車預備去幫忙抬物資。

全臺因新冠肺炎疫情嚴峻而提升至三級警戒後，往昔固定會到車站發放物資的善心人士陸續打電話給老張哥取消了送餐，只剩下週三還有。這天成了一週裡最值得期待的日子，阿健拿了兩個便當，吃個精光。「現在一天都不一定有一餐，大家都餓壞了。」老張哥有些發愁。

老張哥一行人拉著兩、三臺手推車，繞著車站沿路發便當，和順則在一旁吆喝著要眾人排好隊、戴好口罩。拿便當前得先量體溫和手部消毒，長長的隊伍裡，每個人舉起雙手，手掌朝上。

街頭的人在增加，遇到生面孔，老張哥第一時間不會給對方餐盒，「要有多的我才會給。」他心裡自有一套標準，年紀大的、帶孩子的他會給，其他的則得等等。「有愛心的人很多，來騙物資的人也不少。」他指著遠方一個背著大布包的老人，「他有領低收補助，還有租房子，還來這邊拿便當。這種我就不會給。」

焦慮成了街頭的基底，車站外頭時時有員警巡邏，舉著牌子要大家戴好口罩，保持社交距離。老張哥看見有人口罩沒戴好也會上前提醒，「還有人跟我說他就想死，還戴什麼口罩。」

老張哥苦笑，只得半威嚇半勸說，「不要等下你感染，結果還死不了，更痛苦，趕緊戴好。」

一個從中國回來的無家者發燒送醫，救護人員一邊將人送上擔架，一邊喃喃說著：「這個中了。」救護車在臺北街頭到處亂竄，找不到有空床的醫院，半天才擠出仁愛醫院的一張床。

老張哥隨身帶著額溫槍和新口罩，見到無家者就舉起手幫對方量體溫，盡量維持一定限度的防疫。

車站的無家者人數越來越多，「超過兩百五十個人了。」老張哥指了指車站周邊和鄰近公園，細數這陣子又多出哪些人。但往來車站的過客卻出奇的少，過去每日平均三十一萬六千人次進出的臺北車站，如今寂靜得詭異，只剩幾個孤影快速地飄移。

接下來幾個月，車站又爆發了幾次感染個案，全身罩著白色隔離衣的醫護人員從救護車上跳下來，推著擔架把人送走。一些無家者被隔離，和他們距離最近的老張哥也被要求去做了篩檢，電話裡他還大笑著說：「隔離正好當放假，在旅館住幾天。」被我提醒旅館禁菸，他可以順便戒菸，他嚇得說不想被隔離了。直到幾天後篩檢結果出爐，確定為陰性，他才緩緩吐口氣說：「這次真的有緊張到。」

也有幾次是虛驚一場，一頭髮白及肩的長者疑似發燒，被扶上輪椅推走，老張哥趕忙拿酒精把周遭鄰近的人噴了滿身，我們神色慌張地對望，勉強擠出一點笑容強裝鎮定。好在長者隔日又回到車站，檢查後發現並非新冠肺炎。

還有一天，阿健感覺人不舒服，驚慌地坐在忠孝路邊嚎叫，搞得老張哥又好氣又好笑。「還有人吐血，喝酒喝太多。」說完老張哥自顧自笑了：「現在發燒比吐血可怕多了。」

「死了還比較好，我說真的，死了就解脫了。」鍾建國撇了撇頭，看向他處。

第一道東北季風在霜降前後來到，迎來一個憂喜參半的初秋，夏季那非得大口吞吐才有辦法呼吸的炙熱迅速褪下。天暗得早，日頭落下，寒冷在車站四周遊行，老張哥還穿著短袖，但不少過客早披上風衣。一個無家者問老張哥，社會局哪時會來發外套？「還沒，還要冷一點才會發。」

市長某一天夜裡來到車站附近巡視，那晚大隊人馬壓境，「社會局長都來了。」老張哥趕緊向市長反應，希望市府幫忙把西二門外的老人送醫。「市府的人說就叫救護車啊。講得簡單，他拒絕上車我們怎麼把他拖上去？」老張哥沒好氣地說。

他一拐一拐地拄著雨傘走，那陣子老張哥的右腳不知怎麼地突然疼了起來，「連起床都沒辦法。」從腳底板一路延伸到屁股，刺痛感讓他動彈不得，等稍微可以起身時，老張哥便慌慌張張地趕去看醫生。我們在醫院大廳，老張哥熟門熟路地掛號，「我常帶無家者們來看醫生，很熟了。」幾個領慢性病處方箋的無家者，他也會固定陪回診。

看完診，醫生只說是神經發炎，給了消炎止痛藥和肌肉鬆弛劑，要老張哥多休息，他在家躺好幾日。沒到車站的日子，老張哥就靠通訊軟體來安排物資和便當的發送。再出現時，每個見到老張哥的人都趕上前問候兩句，或出些主意，推薦他去哪兒看醫生，或叫他去推拿按摩，放鬆肌肉。有時過於熱切，老張哥有些招架不住，只能一直說著「謝謝、謝謝。」

好在新冠肺炎的疫情逐漸趨緩，往日的零工漸漸恢復，街頭的舊秩序也回來了。老張哥不在，倒也沒什麼大事發生，唯一的大事，就是振興五倍券。

為振興受疫情衝擊的經濟，行政院推出了五倍券刺激消費。勒緊褲帶好幾個月的無家者都在期待，宗明早想著要拿這筆錢去旅行，或吃點好吃的，他老說自己受不了美食誘惑，手上有錢就想吃美食，他有時會去車站二樓吃一碗三百元的丼飯，那是他清潔一小時的時薪。消費是少數能讓人感覺對生命有主導權的時刻。

五倍券可以選擇綁定信用卡，或者領取實體紙本券。紙本券必須要本人的證件才能領，幾個無家者的證件都寄放在老張哥處代管，老張哥忙著去幫大家兌換。

要說五倍券是意外之財，但這筆錢對無家者來說，用起來也並不怎麼順手。一包五倍券裡，總共有三張一千元、兩張五百元，剩下的都是二百元面額，鍾建國埋怨：「都是大面額的啊，又不能找零，買個便當都不知道怎麼用。這政府真的，做事都沒在想的……。」

廟堂和江湖間的落差，是無家者現實生活的高牆，和投機者眼中的食糧。無家者急著想把五倍券換現，車站周邊因此出現了收購的買家，「有的開價四千五百元收購，也有開價三千多的。」老張哥聳聳肩，無家者總是賽局裡毫無談判籌碼的一方，只能接受不平等的要求，「在街頭就是這樣，任人壓榨。」

鍾建國也賣了手中的五倍券，「賣了四千五百元。不然怎麼辦，你說一張面額兩百的，買東西還算能用，五百、一千的是要怎麼用？就算買了一千塊的東西，數量那麼多，我們也沒地方可以放啊。」

他已恢復舉牌工作，一週上工三天，其他日子又回到社福機構蹓躂，消磨大半日。日照越來越短，「新聞說今年是寒冬，平安夜前有好多單位來車站附近發外套。」鍾建國摸著肚子笑說自己胖，陸續發了五件外套，但他一件都穿不下。

車站大廳擺出幾個金色的巨型圓球，不少人停下來拍照。聖誕節的氣氛漸漸濃烈。但飲用水和插座還沒恢復使用，「有時我會花十元買一張月臺票，去臺鐵月臺充電——那邊的牆角有插座——然後坐在椅子上睡一下。」鍾建國壓低聲音，又跟我分享起他另一個私藏的充電所在。

社工扛著防疫物資到車站找老張哥，氣喘吁吁地把酒精、塑膠袋放進捷運地下街出口處附近的小倉庫。兩人並肩坐在車站東南角的花圃邊上抽菸。

「睡地下道出口那邊的一個居民過世了。」老張哥的語氣波瀾不驚，輕輕聊著車站的近況。一口煙吐了出來，白霧飄過老張哥眼前，消失在白髮頂端。

「是喔。」社工沒多問，靜默地吸著菸。

那居民平時酗酒，一天早晨沒起床，等到管理員去喚他時，才發現身子都冷了。幾個無家者趕緊圍上去幫忙做急救，救護車也急匆匆地趕到，紅色警示燈閃爍得刺眼，穿著白色防護衣的人員跳下車立即接手ＣＰＲ，但送上擔架時，人已沒了呼吸。

老張哥不喜歡五倍券，「很多人換了現金就去買酒，喝死的。」他搖搖頭。

地下道的住戶過世後幾天，西二門的老人終於被送上救護車，「我們和醫院談好病床，然後一早請精神科醫師到西二門那邊看看老人狀況。醫生判定需要強制送醫，馬上把人帶走了。」老張哥說，那天早上社工、醫護人員來了六、七個，好大陣仗才把老人送上車。

車站的居民本都鬆了一口氣，但老人到了醫院後拒絕做新冠肺炎的篩檢，醫院無法讓他進門，只好給了張輪椅，讓老人坐在醫院大門邊。老張哥有時得空，還會一拐一拐拄著拐杖，從車站走到醫院去給老人送飯。

一天早晨，陽光刺眼空氣冷冽，警衛發現老人身體已經僵了，也走了。

老張哥和社工並肩坐著，香菸末端隨著吸吐的頻率忽明忽滅。沒人先搭話，生者默默，更何況死者，生命在這裡總是靜悄悄，難以言說。早個幾年老張哥剛來車站時，遇到有人往生，心裡也難免唏噓，「覺得人命怎麼就這樣沒了。」但近距離看著突如其來的死亡，人會漸漸變得不一樣，如今老張哥已說不出死亡究竟是悲是喜，下一秒，心思早飄向別處，想著眼下其他更迫切的事，想著幫這人找平日固定吃飯的地方、幫那人向社工拿掛帳單。

陽光被遮蔽住，周身的氣溫一下降了幾度，社工縮了縮脖子，兩個人有一搭沒一搭地閒扯。「好啦，我先走了，有事再聯絡。」社工起身，拍了拍大腿後側的灰塵。老張哥點了點頭，跟著起身，吸完最後一口菸，隨手把菸屁股彈進花圃邊上的鐵罐中。

生活裡沒什麼選擇時，一個人很難深謀遠慮，光是眼前的難關都過不了，又怎麼想得到未來的事，逼仄的環境裡特別容易落入犯罪循環，一丁點經濟誘因就能讓人屈服——出借身分證件、銀行帳戶，就能拿到幾千塊酬勞，比起門檻一堆的社會福利身分，只要犧牲一點個資就能馬上換得收入來緩解生活的困境，有誰會不願意？只是因匱乏而衍生的犯罪總像個回力鏢，會在未來的某一天回頭痛擊，讓人因犯罪陷入更加匱乏，又因為更加匱乏，只能繼續帶罪謀生。

攝影：翁睿坤

第四章

罪與罰，與窮

祥仔最近老憶起喝酒的感覺：喉嚨深處有個搔癢感，夜以繼日挑戰著他的意志力。「保力達兌啤酒，這樣醉得比較快。」雖多年沒碰，但身體的習慣還在，祥仔無意識地說起以前的調酒配方。

只消一點酒精，就能壓制住他喉嚨裡那惱人的躁動，他還在腦袋裡跟這欲望奮戰。

初識祥仔是在幾年前的一個採訪場合。當時為了貧窮租屋族這題目遍尋受訪者，想著先從協助無家者的組織下手，看看他們是否有些脫離街頭順利租屋的個案能轉介給我。那年輾轉透過民間團體引介，我才認識了祥仔。

四、五年前祥仔還是街頭上的無家者，更早以前則是開過計程車。因為一些小偷小搶或偽造文書的案件，三個月、六個月地頻繁進出監所。

每次進去，都像人生歸零再開始。只是隨著祥仔年齡增長，重新開始的難度也越來越大。最後祥仔成了無家者，睡過宮廟廟埕，也曾被陌生人帶回家同居。

初見面那年，他已脫離無家者狀態，在民間團體裡兼了一份工，也固定在社區做清潔打掃工作，一天至少有五百元收入，「五百元也是很難活，三餐算你二百五，再買包菸、買瓶保力達就盡磅（tsin-pōng，極限）了。」他還兼著打零工，出陣頭、抬棺木，想辦法賺多一點，讓生活維持在穩定的基調中。

他愛說話，說話也有趣，常夾著詼諧的描述，和初識的人也能滔滔不絕講起自己的往事，和其他無家者總是簡短回應不大相同。他說自己以前做體力活，都是天剛亮就上工，一次半天、一天，賺個幾千塊，伴隨著全身痠痛。但有時也會遇到好事，像是裕隆集團已故董事長嚴凱泰下葬金寶山那天，祥仔也一大早頂著陰雨綿綿的天，到山頂等抬棺，「那次拿了六千塊紅包。」回想這段往事，祥仔總是笑得燦爛。

祥仔說他那天似乎頓悟了什麼，「死了，江山還不是帶不走。」落土之後每個人大概也沒什麼差別。「後來就沒再做抬棺了啦。我都六十六歲了，體力不行了。」祥仔難得地言語裡有風霜。

沒有抬棺材，祥仔改作回收，「夏天去收那個啤酒罐，一公斤可以賣三十四元，二公斤可以買一個便當、或一罐大罐的保力達。之前一公斤才二十幾元，這幾年價格不錯。但冬天就沒有收了，啤酒罐只有夏天有。」

努力了幾年，祥仔好不容易存了筆錢租屋，有了落腳處，酒也不太碰。雖然室友不愛整潔，老讓他清理堵在排水管上的毛髮，或水槽裡油膩發亮的碗盤，工作也難免碰到糟心事，前頭他剛掃過的地，馬上有人亂彈菸蒂，但這些苦樂交織，祥仔還是眉眼笑著面對，好似日子總是春暖花開。

他也喜歡寫日記，筆記本裡塞滿密密麻麻的字，字裡行間是生活裡的瑣碎點滴和兒女情長。帶女朋友去參加圓山飯店的喜宴，和社工說新年快樂、女友上班前陪著她四處閒晃，或是去阿公店唱歌。

幾年間祥仔搬了一次家，「能找到現在的租屋處也是神奇，就剛好有人來找我，我帶他去一家咖啡店坐坐。結果咖啡店老闆知道我在找房子，跟我說他看到一個在西區的出租公寓，要我趕快去問問。」祥仔隨後去打聽，就這麼順利搬進了小套房，還申請租屋補助。

他慶幸自己天時地利人和，生活終於穩定了，「就算新冠肺炎，我也是早上出門工作，做完趕快回家洗澡吃飯，然後看電視、睡覺。隔天四點半鬧鐘響，賴床到五點，六點準時再出門。」日子不要想太多，穩穩地過。他老說這些民間團體是他的再造父母，把他從街頭撿了回來，「他們如果不出本書，把我也寫進去，我死不瞑目啦。」他老這麼半開玩笑地勒索民間團體的成員們。

和初見時相比，這次再見他，同一個民間團體的空間場景，祥仔卻顯得神經兮兮，臉上掛著瘋狗一般的眼神。這種情緒上的大起大落，我在許多老齡貧窮者身上都曾見過，生活的風險承擔能力薄弱，東山再起的機率越來越低，偏偏他們的生活充滿危機，動不動就跌落谷底。前一刻還順風順水，下一秒就開始颳颱風，暴雨將至，他們臉上都會出現這般恐懼又驚慌的眼神。

祥仔之前也曾這樣被捲入瘋狗浪。過去流浪的日子，他欠下各式各樣的稅金、政府規費，有次打零工存了幾萬塊，祥仔興沖沖把錢放進銀行戶頭，結果帳戶裡的數字瞬間消失——因欠費而遭債權人聲請強制執行後，銀行帳戶若有進帳，都可能隨時被扣款還債——祥仔一下傻了，鬧著要跳樓，幾個社工勸住，才沒出事。從此他再也不把錢存到金融帳戶，現金全藏在屋子裡頭。

祥仔還到地方議員服務處當志工，他自認一定是自己沒有背景，才會被國家盯上，那次之後他時不時到議員服務處蹓躂——他感覺自己和政治人物走得近，應該就不會被國家盯上——家裡也擺滿印有民代頭像、名字的宣傳品當成護身符，出門時把民代送他的帽子戴在頭上。

這次逼得他又想尋死的，是一場官司。官司拖了好些年，斷斷續續地開庭，盛夏時判決出爐了，祥仔的罪名是金融詐騙幫助犯，刑期五個月；或易科罰金十五萬，不是坐牢就是罰款，代價都是賠上目前的生活，而這是他最賭不起的結果。

祥仔感覺人生又再次站到了懸崖邊，他納悶自己花了這麼多年努力，好不容易爬離這危崖，如今怎麼又繞了回來？人生究竟又出了什麼差錯？「我死都不進去啦。」悲憤的聲線和情緒同時飆高了起來。「不說了，越說越想喝。」他咂了咂嘴，馬上又接口：「這個司法……我真的是不知道在幹麼。」

和我說沒幾句話，祥仔的坐姿就換了十幾種，先是托腮，再來一手橫跨椅背，身子半仰在椅子上，接著又把單腳跨到另一隻大腿上，雙腿扭成麻花，重心斜向一側，焦躁隨著姿勢的變換越來越巨大，不抓住些什麼就要發瘋。

他之前出庭好幾次，法律扶助基金會的律師陪著，在庭上模模糊糊地聽了個大概，才知道自己違反證券交易法，提供人頭給對方開設證券戶，進行股票交割。

和祥仔同案，因提供證件讓詐騙集團得以開設人頭戶進行金融犯罪的「幫助犯」大約十幾個。滿臉風霜的男男女女一字排開，臉上盡是茫然。這些人全是和祥仔差不多的經濟弱勢，也和祥仔一樣曾是或仍是無家者，但並不總和祥仔一樣有律師協助，只單槍匹馬一人面對司法這關口，似懂非懂地聽著法庭上難以理解的答辯內容，股票二字太遙遠，他們從來不知道自己參與了一場動輒千萬元的金融詐騙。

這案件牽涉一間上市公司的金融犯罪。該公司明知自己財務即將出問題，為了營造獲利假象，先是找了財經媒體吹捧自己即將與國外公司合作研發新技術，再由業務員向不特定人士推銷公司股票。

其中為了讓消費者信服公司股票正是當紅炸子雞，公司委託詐騙集團廣設人頭帳戶買進該公司股票，營造股票在市面上被搶購的假象，等被害者上鉤，允諾要買股票時，再由人頭戶轉售股票給受騙的消費者。至於如何開設人頭戶，就交給詐騙集團的外包廠商張羅。

「臺灣的詐騙就跟辦桌的模式差不多。」看得多了，偵辦過不少詐騙案的臺南地院法官陳欽賢終於搞清楚詐騙分工是怎麼一回事，陳欽賢解釋：「一場辦桌，負責桌椅的、煎煮炒炸的、搭棚的全是不同單位，各司其職，彼此也不認識。詐騙也是，負責招募車手的、取簿的、獵人頭戶的和負責進行詐騙的機房、洗錢的水房全是不同人馬組成，且又互不相識。不同組人馬之間設下斷點，根本不知主謀是何方神聖，當然很難追查到首腦。」

二〇二〇年全球因為新冠肺炎疫情陸續封城、封國界，不少海外詐騙集團因此回到臺灣，

「鱷魚返鄉啦。」詐騙案不減反增，雲林地方法院法官王子榮發現，不只是分工精細，詐騙上下游甚至成了專門的分包產業鍊，「像是有專門出『車手』的集團，你需要『車手』就跟他們聯絡，不用自己養車手。」

分包系統讓案件追查更不易，加上使用的全是人頭帳戶，詐騙案往往難以追溯到主謀，頂多抓到機房就算厲害。但即便是在機房打電話進行詐騙的成員，「也不過就是詐騙流水線上的一個作業員，所知有限。十件詐騙案裡，不到二成能逮捕到真正的首腦。」陳欽賢苦笑。

而祥仔涉入的，正是整體案件最下游的一部分：詐騙集團大舉搜刮個人身分證件，提供給上市公司作為開設人頭證券戶使用。

搜刮人頭的共犯在法庭上坦言，為了取得大量的身分證件，他相中無家者聚集處，不斷與無家者們套交情、提供資金，甚至租下住處供無家者們居住，藉此換取對方的信任，「另方面也避免他們去掛失證件。」

只是共犯在庭上洋洋灑灑承認了細節，但祥仔聽了只覺得更冤。「我根本沒有把證件給別人，我也不認識他啊。」

五、六次庭審後，公訴檢察官建議認罪，一方面是這類案件通常難以自證清白——個人證件這麼貼身的物件，不是當事人提供，還能是怎麼取得？另一方面「幫助犯」的量刑不高，通常都是六個月以下，認罪還能酌情輕判，後續也不需再出庭，幾個共同出庭的「幫助犯」陸續選擇認罪換減刑，省得曠日費時地耗在這。可祥仔不願，「我就沒做，幹麼要我認罪。」

他想破了頭，分析自己證件被盜用的可能性。祥仔懷疑是否過去流浪時，戶籍一直掛在區公所，區公所的人冒用了他的個資，拿去給外頭的詐騙集團使用。他也曾說自己遺失過證件，「睡在路邊，醒來後隨身東西都被偷了。」他看誰都像嫌疑犯，怨檢察官要他為莫須有的事認罪，氣憤法官不願聽他說話，也疑心區公所有盯上他的內鬼，在腦袋裡把全世界都恨上一遍。

為了證明他的無辜，祥仔的律師陳宏奇也請法院向戶政機關聲請掛失證件的文件，「結果戶政機關說年代太久遠，資料已經銷毀。」陳宏奇搖頭苦笑。

「最慘的就是像祥仔這樣的被告。」陳宏奇一年總會接到十幾件這類詐騙「幫助犯」的案子，其中多是由法律扶助基金會轉介的經濟弱勢被告。

身材瘦長戴著眼鏡，陳宏奇說話語速慢條斯理，但少有贅字。翻了翻祥仔的卷宗，陳宏奇有些感慨：「像祥仔大約在二〇〇〇年前後遺失證件。那時他正在街頭流浪，可以想像當時的經濟狀況不會很理想，大概還三餐不繼。」

陳宏奇雖然沒嘗過無家的生活，但見得多，越發能領悟。雖他是個律師，而眼前的人則是被告，身分差距雖大，但二人之間最大的不同，不過是「運氣」罷了。任何一個被命運擺弄的人，都可能因一時失足落在了他的對面。他們之間其實也沒那麼大區別。他知道可恨之人必有可憐之處，每個站在眼前的犯罪者若仔細探究，總能找到幾處令人唏噓的無可奈何。

「當一個人沒什麼選擇時，今天如果只需要付出一點點代價，例如提供自己的證件或帳戶，就能得到一筆錢。我想大部分的個案，都會樂意提供個人證件來換取好處。」陳宏奇嘆了口氣。

他也深知尤其流落街頭的人，不像一般人有餘裕來評估長遠的風險，做出選擇，他們大多只能先顧及眼下的溫飽，當然也無法深一層思考，一旦賣了個人證件或帳戶，未來有可能會牽扯進嚴重的犯罪計畫；更不可能知道自己證件一旦交出去，它就像有了獨立的生命般在地下市場流通，觸及好幾樁犯罪行為。等到多年後，因為過往曾經賣過一張身分證而被拽上法庭，遭指認為共謀。

在我認識的街頭無家者中，多數都曾販賣過自己的個人證件或金融帳戶供詐騙集團使用，也因此反覆地出庭、入獄，與犯罪共同生活。我曾在地方的社福中心遇見一名老婦人，我們一起在電梯口等著電梯到來，一名社工急沖沖跑過來，拉住老婦人跟要她健保卡，老婦人回說，個人證件和健保卡都不在自己身上，全交給另一個社工保管，邊說邊用手指了指社福中心的辦公室。原來不少社工會直接幫個案保管證件，避免他們遇上詐騙集團來利誘。

貧窮與犯罪如此接近，但經濟弱勢上了法庭反而特別不利。陳宏奇指出，一個人因經濟不穩定而流落街頭，無可避免就會捲入各種微小的犯罪行為。以祥仔為例，司法資料調出來，詐欺、偽造文書、賭博等罪名一長串。雖然都是些微罪，但偏偏「執行後未滿五年內再有犯罪紀錄，都算累犯，得加重刑責」。而祥仔正好卡在他上一次執行完後還沒超過五年，如今又有「幫助犯」的案子，「這在法官眼中，觀感先打折，就覺得你素行不良，犯後無悔意，就是個『累犯』。」陳宏奇無奈說道。加上祥仔因為長年無家，居無定所，偵查期間根本沒收到通知，當然也就傳喚未到，最後被通緝。

前科、通緝，這些黑歷史讓祥仔在法官心中只有負評。因此當陳宏奇在庭上交互詰問共犯是否識得祥仔，共犯直言「不認識、沒印象」，可法官仍認定共犯只是因為時間久了、人數又多才不記得，斷言兩人肯定認識，祥仔就是為了利益將身分證件交給共犯使用。

「我們的司法真的是，我就一毛都沒拿，那人也說不認識我，但法官就是不相信我。」回想法庭經歷，祥仔只覺得有冤無處說。恐慌纏住他，他的喉頭只剩隻字片語。「這司法……搞的好像我們沒有錢的人去當人頭，都是因為一個貪字一樣。」

因貧困而誤入犯罪，說到底問題的根源更該是貧窮，但陳宏奇的經驗裡，這類案件走上法院，就算其情可憫，大多也是「有罪定讞」。

「像我們還遇過很多案件，詐騙那方會跟急需用錢的當事人說：『我們來做一點合法的兼差。』可等你去接洽時，他又會說這個工作已經沒了，但有另一種你要不要？」陳宏奇明白會找上這種單位借貸的都是急著用錢的人。生活窮途末路沒有選擇，在這當口又碰上對方已和自己開啟對話，眼下看似有一線生機，「很多人於是會想說：『不然就試試看。』」

「而且詐騙的話術實在真假難辨。」有時根本不涉及販賣個人證件或帳戶，也會成為幫助犯。

陳宏奇曾遇過一個當事人，本是為了借貸找中介公司協助搞定銀行融資，誰知不幸碰上詐騙集團。對方要求陳宏奇的當事人提供銀行帳戶查看。當事人提供了帳戶後，對方又說：「你帳戶裡的錢太少，看起來不漂亮，會影響銀行借款的意願。」之後詐騙集團提議先匯一筆錢進入當事人帳戶，讓他戶頭看起來很「漂亮」，銀行比較願意融資，待銀行撥款後，再讓當事人交還匯款。

「一般人怎麼知道這會有問題，他只是讓對方轉一筆錢進來再還給對方而已。結果沒想到自己幫忙提供帳號去洗錢、當車手。」可即使如此不易辨明真偽，但這樣的案子光在檢察官的偵查庭，「當事人大概就被電到飛起來。」陳宏奇推了推眼鏡說道。

見我聽得有些目瞪口呆，陳宏奇解釋，當事人雖覺得冤枉，但檢察官只要問到「你說你沒有犯罪意圖，那你同意讓帳戶看起來漂亮，不就等於是讓銀行對你的還款能力有錯誤期待。這行為涉及詐欺，至少是有打算這樣做的不確定故意。」到這階段，當事人大概就百口莫辯。

的確誰會料到「想讓帳戶看起來漂亮」這麼一個直覺的念頭，竟然會嚴重到涉及詐欺，「你看連你是記者，聽到『涉及詐欺』，一時也會愣住啊。」陳宏奇一邊苦笑一邊盯著我，「社會上多數人也是不知道啊。」

加上司法體系裡的人，生活體驗與這些被告相差太遠，大多無從體會「走投無路」是怎麼回事、沒辦法循正常管道融資又是怎麼一回事，看著這些案件只會心裡犯疑：「借錢不找銀行要找旁門左道，難道不是存心搞鬼？」

少了這份同理，當事人在司法人員眼中怎麼看怎麼可疑。當事人腦中未曾多想的「讓帳戶看起來漂亮」，多少也染上了陰謀詭計的氣味。

在判決書查詢系統裡打上「幫助犯」三個字，出現的案件總是超乎想像，從遭逢海盜到區塊鏈投資，還有錯綜復雜的燒腦愛情陷阱，手法推陳出新之快，不免讓人讚嘆詐騙集團或許是最有創造力的一群人。陳欽賢說有時連他自己在法庭上都聽不懂這詐騙模式，還得請被告再解釋一次。而判決書裡也總能瞧見幾個啞巴吃黃蓮的故事。

宗仁也曾涉入一樁詐騙案。他的案情同樣冤屈，甚至只是助朋友一把，就成了詐騙幫助犯。幾年前有天晚上，同在夜市做生意的好友阿璋來找他喝酒。一桌人聊到深夜，席間阿璋突然感慨自己因為信用紀錄不良，無法在銀行開戶，但最近又有水果買賣需要帳戶做金轉，否則生意將受阻。阿璋愁得不得了，轉頭求宗仁幫幫忙，借他網路銀行帳戶來用一用。

宗仁曾出過一次車禍，對方要求賠償三十萬，阿璋出面調解後雙方最終達成五萬和解，宗仁感覺阿璋夠朋友，而且也真的有在做水果買賣，加上他既沒給阿璋金融卡、印章和存摺，只是提供網路銀行的帳號密碼，「就那麼一張紙，應該沒問題吧。」

三年後警察找上他，他才知道自己提供的網路銀行帳戶用在線上博弈詐騙，好幾個受害者輕信博弈網站的話術，遭騙幾十萬不等。法庭上，法官質疑宗仁為何交出貼身金融工具給他人，宗仁辯稱：「電腦這些我不懂，想說只是給他一串數字。」

但法官接著質疑，既然二人號稱是對方熟識多年的好友，為什麼連阿璋的本名都不知？面對質問宗仁只能啞口無言，阿璋是個常到他開設的快炒店光顧的老客人，「阿璋、阿璋」的跟著大夥一起叫綽號倒也習慣了，豈知哪天會因為不知對方姓名而加重自己的嫌疑。只是這些都不足以讓法官採信，宗仁最後被判了四個月。

阿翰算是少數幸運能在法庭上證明自己也是「受害者」的案子。前幾年他申請到低收入戶福利身分，租了間小套房過日子，因為是列冊的低收、獨居老人，阿翰偶爾會接到社工的關懷電話。某天他再度接到社工來電，核對了個資，又噓寒問暖一番後，社工問阿翰要不要打點零工，幫社工到郵局領個包裹，再轉寄給另一人，就有一點酬勞。

阿翰不疑有他，畢竟平日社工總很照顧自己，如今還給了打工機會，當然答應下來。阿翰幫忙跑了三次腿，每次都是代領包裹後轉寄。直到有天阿翰和來幫忙打掃的居家照顧服務員聊起這事，居服員感覺有異，提醒阿翰可能遇上詐騙。居服員先帶著阿翰先去警局做筆錄，再趕忙去郵局把阿翰當天剛轉寄出去的第四個包裹攔截起來，打開一看發現裡頭是三萬塊現金。

案子後來上了法庭，阿翰以「幫助犯」身分被起訴，好在居服員出庭作證，強調平時確有社工來電話關懷獨居老人，阿翰因此未能察覺自己被詐騙盯上，不知情下誤成車手，案子才被判了緩刑。但阿翰協助轉寄的幾個包裹裡全是受害人遭騙的現金，作為幫助犯，阿翰還是得賠償這些受害者們，「最後只好用阿翰的低收補助來分期償還。」協助案件的法扶律師邱榮英苦笑，好在阿翰有居服員協助出庭作證，才判了緩刑，至少不用坐牢；且因為居服員機警，適時為這案子止血，才沒增加更多受害者。

二、三年前，陳欽賢碰上一個被告，聲稱自己也是被騙，陳欽賢一時好奇，以案件情節的關鍵字進行搜尋，「我發現這類案子大概有五成是不起訴。起訴的那一半幾乎都是有罪。」才發現原來前端起訴與否已篩去一半。不過究竟怎麼決定起訴、有罪，「就司法人員自己的經驗法則。」陳欽賢忍不住笑出聲。

陳欽賢說他自己以前也是「有罪」判決那一路數。「直到有次我看到一個起訴書，被告是個搜集人頭帳戶的詐騙成員，他騙到一堆人頭帳戶，但還沒開始用，就被抓了。」起訴書裡把那些被騙走帳戶的人都歸為「受害人」，這讓陳欽賢心裡咕咚一聲，「一個人帳戶被拿去濫用，還沒開始濫用前算『被害人』，開始被濫用後算『幫助犯』，這不是很亂嗎？」

一個人在司法中的身分定位會因為犯罪行為的進程而改變，讓陳欽賢開始思考什麼叫做「有罪」，如何判斷「有罪」。他自己年輕時也曾苦過，「生病都不敢去看醫生，怕花錢。」生命經驗教會陳欽賢，弱勢的人不只有經濟遇到困境，更是生活全面性的匱乏：取得資訊、尋求協助的能力，甚至社會支持網絡皆是闕如。當生活只剩眼下的苟且，哪想得了明天，這樣的弱勢狀態特別容易陷入犯罪循環。

後來到陳欽賢手上的案件，他特別關注一個人是否「被騙」？如何做出行動抉擇？「像很多拾荒過生活的人，特別容易犯竊盜罪，因為他看到路邊有東西就先撿了，沒有餘裕去想這是不是有主之物？撿了有什麼風險？」

「普遍司法體系裡的人會認為：『對，你很可憐，但你還是犯罪了。司法不可能因為你可憐就不判刑。』這麼想沒有錯，因為行為本來就都會有成本。」但這直觀的想法，只說了一半。陳欽賢想著，現實裡的逼仄與司法對撞後，一個法官又該怎麼看待「可憐的人犯了罪」，並從「量刑」上取得平衡。

他毫不遲疑的默背出《刑法》五十九條的條文：「犯罪之情狀顯可憫恕，認科以最低度刑仍嫌過重者，得酌量減輕其刑。」

他分享自己曾經在一個案子上花了數倍的時間寫下判決書，光是量刑理由就寫了長篇大論。「那是一對拾荒母子，撿走另一個拾荒老人的電磁爐。」母子騎著機車經過路口，瞥見轉角處一臺電磁爐，於是調轉車頭回到路邊拾起電磁爐，揚長而去。

電磁爐是住那路口附近的另一個拾荒老人所有，「很多拾荒或做回收的，東西都會堆到家門外一排，一時也很難分辨到底是誰的。」陳欽賢苦笑，監視錄影器將母子調轉車頭的影像拍得一清二楚，明顯是「有意為之」。

案子上了法庭，陳欽賢知道雙方都是艱苦人，但犯罪事實明擺在眼前，他看了看母子的家庭背景，發覺孩子本身有些智能障礙，因此最後判了母子二人一人無罪一人緩刑，但要求母親得賠償拾荒老人幾千元，「光是要寫為什麼這人無罪、那人緩刑，你就要花比寫『有罪』還要多好幾倍的時間和字數來解釋原因。」而他心知肚明，並不是每個法官都有同樣的條件，「光是你需不需要接小孩下課之類，就會影響你有沒有時間做這件事。」

犯罪行為反映一個人的窮途末路，能走到陳宏奇或陳欽賢面前的，或還稱得上幸運，能有機會搏一搏，篩出必須給予機會的人。「最慘的是這類案件很多檢察官都申請簡易判決，被告不用出庭，就等結果。」陳欽賢苦笑，判決出爐後，被告往往又因為居無定所，根本沒收到執行通知，不知道要去報到，最後就被通緝。「然後有天在路上被臨檢，一查通緝中，就送進牢裡了。」

司法能處理的只有「犯罪」問題，至於「社會」問題，「這都是行政機關必須要思考的，如何避免有些人只剩下透過犯罪，才足以勉力活著。」但那也是陳欽賢無能為力之處了。

佩佩看過不少依著犯罪，才終能勉力過活的人。

佩佩是女子監獄的管理員，一張圓臉總是疲憊，我們約在高鐵站的咖啡店，在啟程和返航的旅客間談著關於監禁與規訓之類的事。

女子監獄的氣氛不若男性監獄那樣劍拔弩張，裡頭有互助情誼，偶爾也有曖昧情愫，也帶有那麼一點「庇護」的味道。她想起二〇二二年冬天，臺中女子監獄的停車場來了個女人。女人探頭探腦一陣揀選，最終停在一臺小客車前——車子獨自佇立在一排停車格上，離其他來探視受刑人的家屬的座車遠遠的——不一會車子突然冒出火焰，停車場上的人全傻了眼。

放了把火以後，女人緩緩地走出中女監大門，邊走邊回頭，而眾人還僵在原地動彈不得，沒人抬腿上前攔阻。一直到女子的身影消失在門邊，才有人回過神大喊：「報警！」其他人也趕忙聚集到冒煙的車子旁查看。地上除了留有縱火的痕跡，還有一紙公文，上頭白紙黑字印著縱火犯的名字「阿芹」。

監所管理員一看名字便瞭然地點點頭，阿芹是中女監的常客，佩佩說：「每次差不多天快冷的時候，她就會進來。」縱火那時是農曆正月剛過的日子。

隔天警察找到她，做了筆錄，接著阿芹便以「被告」身分先入監等待案件判決結果。「其實她也沒有逃亡之虞，根本不需要先進來，感覺檢察官也是覺得她沒地方待，讓她先進來監所也好。」佩佩無奈笑笑，她見過阿芹好幾次了，大約知道阿芹已快五十歲了，國小肄業，有低收入戶身分，反覆進出監獄都是因為一些微罪：竊盜、偽造文書、詐欺。還有一次，阿芹偷了醫院外停著的醫療代步車，判刑三個月。

唯一一次比較長的刑期，一年半，那次是阿芹先在友人家看電視，趁著朋友暫離客廳時，伺機偷了友人的證件、印章；隔幾天後，阿芹隨即再偷了一臺機車。接著用友人的證件、印章冒名賣了偷來的車，整起事件涉及竊盜、偽造文書等，合併刑期加一加一年半。

縱火事件讓中女監的管理員們又好氣又好笑，被襲擊的車子，車主剛好也是監所工作人員，「那天他休假，沒人敢跟他說他車被燒了。」佩佩笑著說道。

受害苦主也略知阿芹的狀況，「新收進來時，我們都會問一下每個人的家庭狀況、地址。每次問阿芹她的親人在哪，她都說不詳。在裡面時也沒有人來看她。」佩佩垂下眉眼。這樣的女性受刑人不在少數，在外孤身一人，在監所裡反倒能有些照料。那倒楣的車主最後說他不會對阿芹提告。

長年反覆入監的人，罪名多是些小偷小搶，而刑期也不過三、五個月，有時犯罪更像是種「手段」，來達到某個「目的」。

這犯罪循環的慣性在日本更加凸顯：高齡犯罪人數從一九九八年後逐年攀升，至二〇〇八年達到高峰，高齡犯罪人數達四萬八千八百零五人。此後雖無明顯成長，但高齡犯罪人數維持居高不下[1]。高齡犯罪率的成長，背後是老齡貧窮的社會結構問題，已失去勞動優勢的高齡者主觀對經濟感到不安，加上社會孤立感，因而出現犯罪行為。

和日本類似，臺灣近年已步入高齡社會。根據法務部統計，二〇二三年一至十月新收受刑人總額中，六十歲以上比例為百分之九[2]，主要受刑人的年齡分布還集中在三十至六十歲這個區間。老齡貧窮者陷入犯罪循環的跡象尚不明顯，「但你隱約可以感覺到，有些人進來的時間，

1　鄧雅心，《日本高齡犯罪者犯罪原因與對策——以司法和合作福祉為中心》，碩士論文，國立臺灣大學法律學院法律學研究所，二〇二二年。

2　法務部監獄新入監受刑人統計，二〇二三年一至十月，總人數二萬四千八百五十九，六十歲以上二千四百六十三人，占總人數百分之九。

有個固定頻率。」佩佩說道。像阿芹，總在天冷時出現[3]。

「之前另外有個同學送進來，我們有個管理員猛盯著她看，旁邊其他人問說：『你認識啊？』那個管理員大喊：『我認識她一輩子啦！』」這同學一樣是因為竊盜等微罪不斷進出監所，佩佩也見過好幾次。最近一次終於要出去，出去前佩佩有機會和這同學聊上幾句，才知道她已經六十七歲，父母早過世，只剩一個哥哥，但這同學早和家人疏遠，總居無定所。

「這次出去我就不會再回來了。」刑滿前，同學眼神篤定地跟佩佩這樣說，她說這次出去，預備搬去和哥哥一起住，一方面照顧哥哥，另一邊也有個地方可落腳。佩佩點點頭，「你每次進來都跟別人打架，以前年輕會打贏，現在六十幾了、年紀大，打不贏了，這次出去就別再進來啦。」

只是沒多久，佩佩又看到這人入監服刑，「這次是因為先前的案件還沒執行才又進來，關比較久，二年。」

但隨著年齡增長，出監後重新開始的難度也跟著提升，佩佩有些憂心，二年後，這同學服完刑還能不能回哥哥家？若回不了，又該怎麼辦？會不會沒多久，新收房裡又會再度看到這人？但她不敢往下想，她怕自己對受刑人投入太多情感，會讓自己掉入黑洞。

這憂慮並非多心。入監服刑不只是日常的中斷，每次重頭再來，都會加深重建生活的門檻。

在恢復日常的路上，有許多磕磕絆絆，首先會找上門的，就是債主：一份有勞健保的正常工作，會讓勞保資料和銀行連動[4]，讓債權人可以從帳戶裡扣走欠款。

因此只要薪資入帳，各式積欠的款項，例如：健保費、燃料稅、甚至就學貸款都將接踵而至，下一秒就從銀行帳戶裡拿取欠費。光是這些債務，就能把一個人重新開始的資本，裁減到連過日子都維持不下去的地步。因此不少人會選擇不投保勞健保、單日領現金的工作。

---

3 臺北市警察局公布的統計中，六十歲以上高齡犯罪嫌疑人數從二〇一三年的三千兩百一十八人上升至五千八百六十四人。不過基層員警觀察，雖然高齡犯罪人口增加，但臺灣尚未出現高齡者為了坐牢而犯罪的傾向。

以男性犯罪類別為例，前三高的犯罪項目分別是：竊盜、公共危險和駕駛過失。員警觀察這些犯下竊盜案件的老人家，多是法治觀念薄弱，慣性順手牽羊，早年不易被抓，但現代監視器和店家防護系統越來越先進，任何犯行都更容易被發覺，也因此案件數增加。

至於公共危險，則是因為酒後駕駛在修法後改成公共危險罪，酒駕標準加嚴，且臨檢不只在晚上執行，全日時段都有道路臨檢，因酒駕而觸犯公共危險罪的個案大幅上升。「很多老人家前一晚喝酒，隔天以為沒事，結果酒精還沒代謝，一臨檢就被抓。」員警表示。

不過竊盜、公共危險或駕駛過失這些罪名底下，實際上大多的案件都屬微罪，「除非是很嚴重的累犯，不然不至於要坐牢，都是緩刑或易科罰金。」員警表示，既然不會因此坐牢，犯行者因此也不至於會是為了能入監而犯這些罪行。

4 金融聯合徵信中心與各政府單位的資料庫都對接，包括財政部個人財產及所得資料、勞保局職業投保資料、交通部車籍資料。

債主之後，第二個上門的是過去那些小偷小搶等犯罪所結下的冤親。當一個人只能帶罪謀生時，處境差不多如祥仔一樣，總有許多犯罪紀錄，大抵也都賣過個人證件和金融帳戶。以金融帳戶為例，這一串數字會在詐騙市場裡流通，直到有受害人報警，被標記為「示警帳戶」後才終於無法再使用。但在這之前，這組帳戶可能在好幾樁詐騙案裡作為人頭戶拿來洗錢、轉帳。

因此一個人可能在不知情的情況下涉及好幾樁案件，或是牽扯進過於龐雜的犯罪裡。「像現在很多手機遊戲裡的詐騙，受害者可能遍布各地，這些受害者報案後，案情都會連結到同一組金融帳號，同一個賣掉帳戶的人。」熟識的員警告訴我，通常這時由於各地警局資料並未串接，加上彼此又有破案績效的壓力，各分局的員警因此會「搶著要抓人」，「先抓到人，案件就歸那個分局管，算在他們的績效裡。」

曾經販賣過金融帳戶的當事人可能正被好幾個分局的員警盯上，如果從事的工作有投保勞健保，員警能夠向勞保局申請調閱個人投保紀錄，藉此追查到工作地點，到對方工作場合找人。一次、二次後，聘僱他的老闆哪還敢繼續用人。一個聘僱無家者的老闆就曾苦笑告訴我，「還有警察打電話問我：『這種人你敢用喔？』這制度真的有要讓人更生嗎？」[5]

回歸社會的路走進死胡同，再犯的機率就跟著上升，根據矯正署統計，出獄再犯人口穩定維持在大約四成五到五成六之間。就業不穩定、貧窮與低薪，都讓人容易重回犯罪循環，反覆進出監所。

「然後隨著年紀越來越大，就更難出去。」小六在人權組織工作，正巧也曾在看守所當替代役，跟我分享不少他在監所觀察到的高齡化現象。

小六服務的看守所裡頭，大多是六個月以下短刑期的受刑人，或是等著分監至他處監所，刑期二到三年的個案，「有滿多是因為竊盜或毒品反覆進來。「你可以感覺到，『出獄』這件事有主觀上的難度，尤其在高齡者身上。」小六分析，由於臺灣整體在受刑人出獄復歸社會的

5 對於老齡貧窮者而言，犯罪、負債和工傷可說是一組反覆出現的永劫輪迴。因貧窮而負債、為了生活而犯罪，服刑完畢後有幸找到工作，卻仍然會被過往的負債糾纏，只能依賴沒有勞健保的工作來作為緩衝，先讓生活穩定下來。但多數人從事的是勞力工作，因此對高齡者來說風險更大，工傷的機率更高。且一旦發生工傷，在缺乏勞保保障下，又無法申請職災給付，只會讓生活更陷入困境，同時可能又再度進入負債、犯罪的循環。荒謬的是即便雇主有心協助，不但幫當事人保了意外險，還帶著當事人和債權人談債務分期償還，也不在意三天兩頭有警察上門，可若不幸遇上職災，因債務問題擔心職災給付入帳可能遭扣押或強制執行，預備向勞保局申請開立「職災保險專戶」來存入保險給付時，還會因為曾經販賣過金融帳戶，導致帳戶被標示為「示警帳戶」，在郵局開這職災保險專戶時會遇到刁難，此時如果沒有人協助陪同處理，恐怕多數人都會放棄申請職災保險吧。

支持體系上相對薄弱，很多人因此再犯、入監服刑，「但首先隨著你的年紀增長，監獄裡有一套生活規範，這規範和外面世界格格不入。當你習慣以後，光想著要回到現實世界再去適應另一個規範，就會害怕。高齡者的適應時間又更長，而且只要刑期超過二、三年的，出去連手機都不會用了，很難跟世界接軌。」所以不少高齡受刑人選擇不申請假釋，延緩出獄時間。

再來是年紀越大的受刑人，身邊的家庭、朋友支持體系越薄弱，「常會聽到有人快出獄時到處問出去該怎麼辦，其他獄友叫他先去找朋友，他會說：『啊我就沒朋友、沒家人啊！』原本出監準備是監所教誨師的工作，但教誨師人力稀缺、受刑人數過多，根本沒辦法好好協助出監準備，每個人只能靠自己。」

在高齡者身上還有另一個不利之處：在監獄服刑時，收入較高的工廠工作，相對適合體力好、身體狀況佳的人；高齡、身體較差的受刑人，只能做一些低技術的工作，例如折紙蓮花、折紙袋，這些工作收入偏低，導致受刑人出監時身上積蓄少，「還連計程車都不會叫，站在看守所門口茫然。只能請大門值班的管理員幫忙叫車。」這些對回歸社會的恐懼，也讓不少人不想早點出獄。

最後一個荒謬的部分在於，社會福利資源取得的門檻太高，很多人在外頭其實無法得到支持，或者因為貧困，健保欠費、不敢看醫生。但在監獄裡，首先會強制納健保，「再來是管理員怕有人死掉——死掉真的很麻煩，報告打不完——所以身體狀況看起來很差的，會被趕快帶去看醫生，就算有些自費項目沒錢付，反正就先欠著，最後變呆帳。」小六笑說，監獄裡強迫就醫、強迫進食、強迫勞動，反而造成一種極端，「身體狀況中下的人，進來以後會變差，因為醫療資源有限，小病拖成大病；但身體狀況極差的，因為監所擔心人死在裡面，會積極送去外醫。加上裡頭有一定的食物和住所，獄友也會互相照顧，結果得到了原本在外頭得不到的支持系統。」即便臺灣監獄環境沒那麼好待，但對一無所有的人而言，也比外頭稍微強一點。

佩佩也有相似的觀察體悟：監所有時也像某種社福資源的供應站。她想起女監裡曾有一個受刑人，原本丈夫還會定時來探視，後來受刑人生了場大病，身體狀況變得很差，「已經是不適合繼續服刑的狀態，我們有幫忙申請保外，也請丈夫來帶回去。」本來丈夫同意來接人，結果約定好的日子卻沒出現，從此音訊全無，讓一干管理員全傻了眼。「最後是我們找慈善團體支援安養機構的錢，讓這個受刑人保外到機構去安置。」

這種將監所視為谷底裡一線生機的處境，是老齡貧窮生活裡無力回天的極致挫敗。一旦落入這循環，最終有很大機率會把這讓人吃不飽但也餓不死的監獄當成最後一根稻草。祥仔想避免的也不過是被吸入這漩渦。

祥仔雖然嘴硬，但最後他壓了壓嗓子告訴我，他還是認罪了，他說自己死也不願進去關，一旦坐牢，工作、居所都將消失，幾個月出來後，他的人生等於從零開始，這一次卻不知道還要花多久時間才能爬出谷底，或者只能反覆如此。「我之前別的案子去關一個月，房東把我東西全部扔了。出來什麼都沒了。」那不只是坐幾個月的牢獄之災而已，而是不斷經歷一無所有。

社工幫祥仔找了另一份兼差，一週四天，每次四小時，還能預支薪水，社工也陪著祥仔去和書記官協商如何分期償還易科罰金的十五萬，讓祥仔的生活不至於受到太大影響。

「我還在想要不要上訴。」祥仔心裡總有些賭氣，「要我拿這麼多錢去養這些搞我的（司法）人，我真的不甘心啦。死我不怕，沒錢比較可怕。」一句話說得頗有骨氣，卻也藏不住貧瘠。

祥仔望著辦公室角落一方折疊整齊的乳牛配色白底黑色塊毛毯，四四方方安安靜靜地躺在牆邊。盛夏時社工就提早幫他買好冬天的物資備著，等到寒冬來臨時讓祥仔帶回租屋處用。居有定所是他現今人生最大的安慰，他想著氣溫下降時能裹在毛毯裡看電視，想著未來生活裡平凡無奇卻幸福的瑣事，他的眼神還在毛毯上逗留，像是死死盯著毛毯，就能避免被漩渦纏上，就能留在人生的軌跡裡。「現在只能兼差賺多一點，拚啦，佮伊拚老命。」

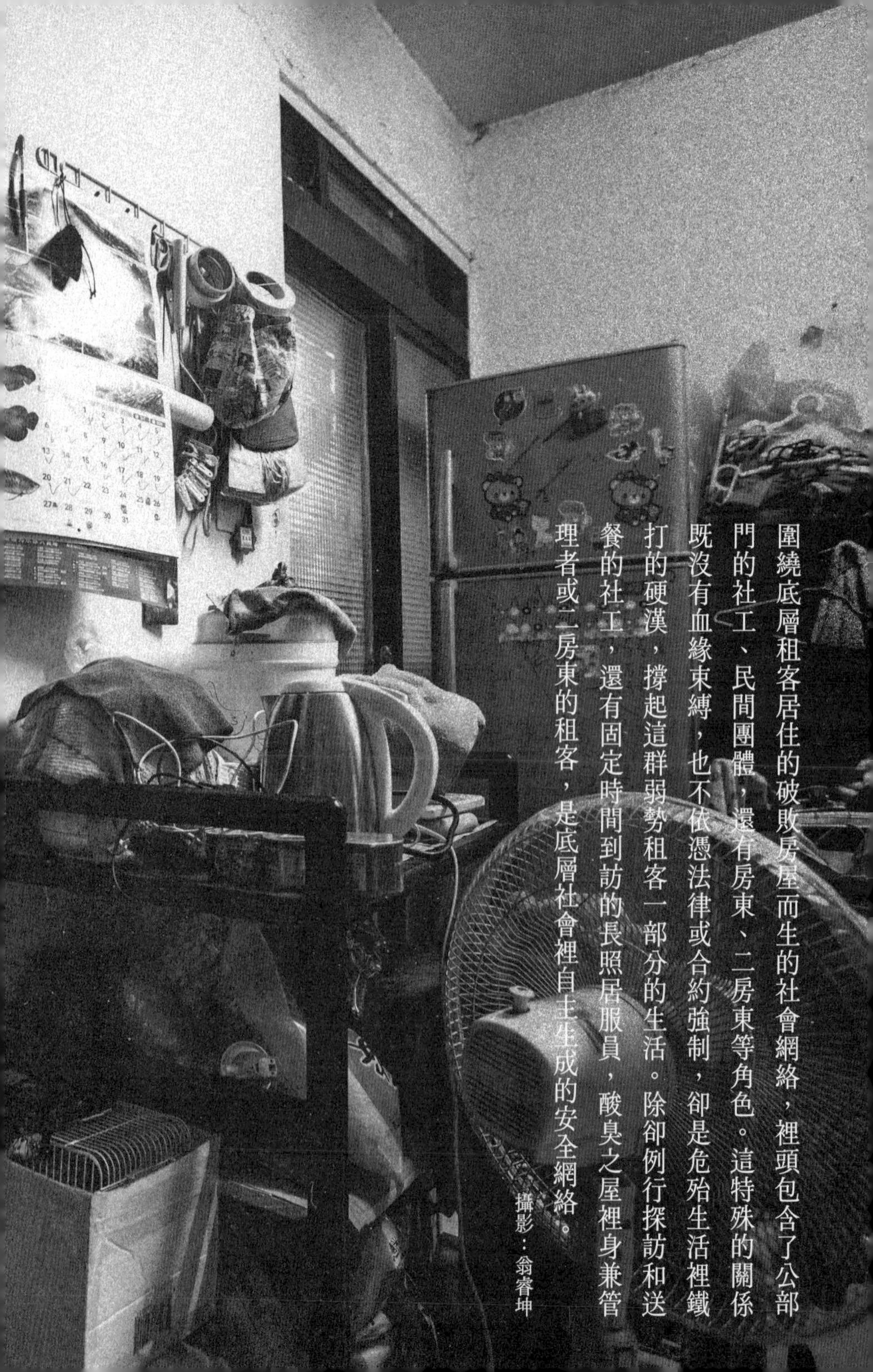

圍繞底層租客居住的破敗房屋而生的社會網絡，裡頭包含了公部門的社工、民間團體，還有房東、二房東等角色。這特殊的關係既沒有血緣束縛，也不依憑法律或合約強制，卻是危殆生活裡鐵打的硬漢，撐起這群弱勢租客一部分的生活。除卻例行探訪和送餐的社工，還有固定時間到訪的長照居服員，酸臭之屋裡身兼管理者或二房東的租客，是底層社會裡自主生成的安全網絡。

攝影：翁睿坤

第五章 酸臭之屋

宗明一手提著一串用透明膠帶綑住的掃把、拖把，另一隻手臂上掛了個紅色塑膠水桶，裡頭塞滿了抹布、菜瓜布、各式清潔劑和垃圾袋。這天又是居家清潔打掃的零工，一大早集合時，宗明從衣袋裡摸出一塊巧克力，掰開後遞了一片給我，又遞了一片給另個工作夥伴，夥伴一臉狐疑盯著宗明的手，「你剛有洗手嗎？」來不及等宗明回答，剛遞給我的那塊巧克力已被我吞下肚。

集合地離工作地點還有些距離，一行人沿著萬華火車站旁的艋舺大道縱隊前進，旁邊是車水馬龍，頭頂上是烈日當空，還沒上工一夥人就已汗流浹背。

宗明手臂上掛著水桶，水桶有些沉，他走路時身子歪向一側，一腳深、一腳淺。另一邊的肩上還有裝滿他隨身物品的紫色尼龍購物袋，宗明不時得用拿著掃具的手將滑落的背帶拉回肩頭。

好幾臺公車從他身邊呼嘯而過。走了一陣宗明已略顯吃力，腳步又拖得更慢，襯衫開始被汗水浸透。幾個夥伴超前他好幾公尺，但沒有停下等他的意思。

拐了個彎，轉進巷弄裡，周遭全是三樓以下的矮樓，樓面布滿塑膠片、鐵板縫補的痕跡，越往巷子深處，車聲逐漸被擋在巷弄外頭，巷子裡反倒安靜得尷尬，只剩鞋底摩擦地板的悶哼。

宗明一行人終於停在一幢公寓鐵門前。這日的工作內容是幫出租公寓裡的長輩清潔房間，以及組裝新床架。等著工人來打掃的汪勉，早倚在大門內盯著外頭動靜，一見宗明，便趕緊開門。

公寓是狹長形的格局，一層樓隔成兩間房，長長的走廊，牆上掛滿電線，靠近裡側的房間門口停放汪勉的輪椅，再往走廊底端望去，是共用的洗手槽和浴室。房子雖老舊，但還算整潔。

高齡者的財務規劃來自個人儲蓄和退休金，有些還計入子女奉養。但既沒有儲蓄，也沒有退休金，更無法依賴子女奉養的孤老，唯一的依賴只剩社會福利。有幸擠過社會福利窄門，接著還能在高額租金、租屋市場老齡歧視下倖存的老齡貧窮者，大抵都住在像汪勉租的這處陋室裡。靠民間團體、社工、鄰里系統撐起一道私人安全網來勉強維持住日子，提供生活裡最起碼的需要。

獨居的汪勉行動不便，左手蜷縮在腹部前，左半邊的身體萎縮無力。他一手吃重地推開大門，身子歪斜向一邊。接著慢慢轉身沒入走廊，邊走邊用右手扶著牆壁，拖著腿一次半步地緩慢往前，引宗明一行人到他居住的雅房前。

清潔房屋和組裝床架都不算太費力的工作，房間小，不過兩坪，東西並不多，房間的寬度，正好讓單人床的床板抵住面對面的兩片牆。一張桌子靠在床邊，上頭擺了個液晶電視，小小的五斗櫃、衣架和椅子占滿其餘空間，開門時，門板抵住了後方的衣架，只能開到二分之一的寬度便無法再往下。地上還散落法院文件、農民曆、印有美女的桌曆，和餐盒紙碗。

只是房門大開後，宗明和夥伴瞥了眼室內，才知道工作的難度在哪裡。屋裡沒有對外窗，空氣凝滯，敞開的大門讓室內濃烈的尿騷味洩了出來。

仔細瞧了一下室內，宗明等人對望一眼，床墊、棉被和床板都因為尿溼而腐爛發黑，味道主要便是從床上那處黑洞飄出。移動太過吃力，但獨居的汪勉只能靠自己，有時內急，人還來不及走到廁所，只能在房裡便溺。地板上也有明顯可見的尿漬，文件、傳單全泡在尿裡。天氣熱，酸臭味更顯濃烈。

汪勉的手腳不方便，自己無法清理，只能等社工幫他聯繫清潔工人，偶爾來打掃一下居家環境衛生。

和宗明一起來打掃的夥伴隔著口罩仍遮不住嫌惡表情，急忙摸出包裡的廉價古龍水猛地噴灑一陣。令人發昏的濃郁香味和尿騷味結合成更難抵擋的嗅覺暴力，醫療用口罩都擋不住那凌厲攻勢。

一夥人從地上雜物著手清理，撈起散落的紙片往黑色垃圾袋裡塞。宗明隨手撿起灑落地板的其中一本桌曆，盯著上頭衝他微笑的女孩看了一會。「你要喔？給你啊，拿去沒關係。」汪勉大方地說。打掃的夥伴厭惡地斜睞著桌曆，再瞄了宗明一眼，宗明憨笑一下，又放下桌曆。

斜倚在輪椅上的汪勉指了指門邊牆角處的延長線，老舊的延長線上插滿電器，不小心踢到電線，就會接觸不良，一下電扇失靈，一下電視關閉，「等下打掃，拜託幫我注意一下，不要踢到電線。謝謝、謝謝。」房間實在太小，幾個人在雜物縫隙迴旋，我一不小心就踢飛電線，電扇一瞬間停擺，酸臭的空氣更加黏膩。汪勉沒好氣地看了我一眼，我也只能抱歉地笑笑，趕緊把電線重新調整妥當。

宗明和清潔的夥伴們請汪勉先整理出要留下的物品，剩下的再由宗明一行人打包。汪勉用健康的右手揀著散落在地上的農民曆，隨手翻著頁面，嘴上喃喃地說：「我這裡面有好幾包紅包，裡面有的放美金、有的放歐元，加一加也有好幾萬啦。」他以前是個牙醫，南部大學畢業後便出國進修，講話時總夾雜幾句英語。

「我不是故意，我是在紐約住習慣了。」

懷念過往是汪勉面對現在的方法，一部分是因為過往的陰影經久不散，但也是現況太令人沮喪，相形之下，從前的模樣更容易讓人理解。他喜歡講著過去的牙醫身分，帶一點魔幻色彩地談著他的未來，說他正準備新的牙醫診所，預計再過一個月就能開張，「到時候你們來，我免費幫你們看。」實際上汪勉稱其為新診所地址的地方，始終是個停車場。幾個打掃的夥伴沒接話，沒有質疑也沒有附和，小房間裡只有汪勉的聲音配上電視政論節目的吵雜。

曾經中風兩次，讓汪勉的生活急轉直下，「我有家族的高血壓。我年輕時不會想，愛賭，打麻將打通宵，一個月睡不到兩天。」他有次血壓衝到逼近三百，人也跟著倒下，和小羅斯福一樣。

中風後汪勉又經歷離婚、二個孩子的扶養權都歸前妻，「法院覺得我沒能力照顧小孩，扶養權都判給她。」人生故事講到一半，汪勉別開臉，不願再多談。

之後汪勉在車站附近露宿好幾年，很多人勸他回南部老家，但汪勉不願意，「我沒養我爸就已經很不應該了，還回去給他養。」講起自己，汪勉總在結尾時掛著這句話：「少年袂曉想，食老毋成樣啦。」

汪勉居住的那條巷子裡，還有幾處類似的租屋處，都住滿了高齡的貧窮老人和部分身障者。歪七扭八的巷子將此處與外界隔絕，讓這些租屋聚落真正成了城中城。朝巷子深處一道不起眼的裂縫鑽進去，就能看見一幢搭得歪斜的三層透天厝，建築怪異的東倒西歪，像在坍塌時凍結住了，牆上爬滿電線和壁癌，身側不小心摩擦牆壁，牆面便會落下一陣灰白的粉末。

裂縫裡有股混合了老菸槍身上陳年的菸味，排泄物、動物屍體和食物腐敗的酸味，再配上公寓長年不透風累積下的溼氣與悶臭味而成的嗆鼻羶腥。

昏黃燈泡在頂上搖晃，沒了門的共用廁所飄出尿騷味，往二樓的樓梯每一級都砌得高低不等。照明不足，腳得踩穩才能踏出下一步，否則輕易便會跌跤。單薄的夾板隔間，稍微留神，就能聽見隔壁洩出的電視聲。房屋蓋在國有土地上，屋主僅擁有地上權。整棟樓皆屬違建，水泥外牆上釘滿門牌，門牌下的郵箱塞滿傳單、通知書，塞不進去的，就散落滿地。

阿生的房間位在一樓，站在門口，一眼能望穿他那三坪左右的小窩。門邊倚著他的助行器，角落一臺軍綠色冰箱，上頭滿是鏽蝕的痕跡，裡頭大大一塊結霜，和幾瓶十幾元的麥香紅茶。一張雙人床占滿房間，懸掛著的衣服在床尾上空擺盪，剩下的空間僅有床沿到門邊，剛好夠他扶著助行器起身。牆面有處破洞，勉強用三夾板釘著擋住洞口。

和他一起租在這處老宅的，還有十幾人。二〇二〇年我第一次因老齡貧窮租屋族議題踏足這幢老宅，那年我剛鑽進小巷，站在這幢樓前，就遇上房門口大開，倚在床邊的阿生。歲暮天寒，但就算是低溫寒流來襲的日子，阿生賃居的小雅房裡，風扇照樣嘎嘎地轉動，但房裡空氣黏膩，風扇顯得徒勞無功。「這種天誰要開電扇，又不是瘋了，可是不開就會有一股味，聞了難過。」額上的皺紋讓六十五歲的阿生看起來像總蹙著眉，也讓他顯得老了好幾歲。

阿生的屋裡沒有容得下第二人閒坐的空間，我站在昏暗的走廊和阿生聊天。阿生本是萬華在地人，家裡原是在夜市擺攤賣衣服。早年的萬華區，西園路二段至大理街一帶曾是成衣零售市場據點，阿生的父母趕上的，正是臺灣成衣產業飆升的年頭。

彼時臺鐵許多快車都會在萬華站停靠，中南部北上打拚的人口在萬華下了車，便在車站周邊落腳，開始做起小生意，一步步融入車站附近的商店街。

北漂人口以家庭為單位自成一生產線，許多人家由妻子在家一針一線地把成衣廠裁剩的布料拼接成小孩的衣服或內衣褲，接著再靠丈夫騎著腳踏車把衣服拿到市場、夜市擺攤販售。火車站是貨運集散地，往來人潮不斷，這裡的成衣業也因此漸漸打出名號。

中南部移入人口中，就屬彰化芳苑最大宗，許多人站穩腳步後，開始為故鄉親友牽線，一同北上打拚。一九六〇年代，零售聚落進一步轉型成批發業務，到了一九八〇年代，成衣市場不僅有國內消費者，還有國外買家，市場需求帶動生產量能，大理街一帶的成衣市集曾有高達二千多間的商家。零售業者背著大包小包裝滿衣料的布袋穿梭巷弄摩肩擦踵，為當年成衣市場榮景留下一抹身影。

隨著九〇年代臺灣經濟進入停滯、成衣工廠外移，生產鏈崩解；加上鐵路地下化後，西部幹線由松山發車，快車不停萬華，影響了此地的集客能力。另一邊韓國、中國等低價進口成衣的競爭，也讓西園路、大理街一帶的成衣市場走向沒落。二十多年前阿生的父母過世後，他接手擺攤生意，但面對的已是繁景過後的大理街，生意早不如往昔，只能糊口。

二〇〇八年的某天，阿生騎車準備去找朋友時，在路上出了意外。在醫院醒來後，阿生的右手肘關節已沒，右腿髖部也受傷，導致右腿幾乎無法使力，「你看兩條腿粗細差這麼多，這條都萎縮了啊。」阿生拍了拍健康的左腿，接著扯著沒了關節的右手臂，舉到我面前，一百八十度扭轉手肘，原本應是結實的關節處，像癱軟的毛巾擰成一條麻花。

「警察說我真倒楣，附近五、六支監視器都是壞的，沒拍到撞我的人。」更倒楣的是，住院期間，一日阿生下床走動，走道剛剛清潔，還留有水漬，他一腳踩滑，左手肩膀也摔傷，舉久了便疼，「現在只剩這隻腳了。」語畢又拍了拍左腿，「無法度啦，人生啦。」

原本夜市擺攤的營生大約足夠阿生日常開銷，住院一趟耗去了積蓄。父母過世後，一個姊姊已嫁人，其餘弟妹各自分家離散，阿生只能自己想辦法。不足的醫藥費就靠社工幫忙找資源墊付；出院後無法再擺攤，在街頭待了兩、三天後，社工幫阿生申請了低收入戶證明和身心障礙手冊，日子就此靠補助過活。

阿生輾轉租過的幾處房舍，大抵和現居的小雅房差不多——搖搖欲墜的矮樓，或是一層樓隔了十幾戶的小雅房，房間僅夠一張床，起身，跨出一步便抵達門口。但即使一步就能抵達門口，

「出門」對阿生來說仍是一樁大工程，他得先扶著助行器緩慢起身，再一手壓著助行器，一手拉著輪椅椅背，扭過身坐上輪椅，坐穩後，再用健康的一隻腳慢慢滑行向前。

他想換屋，但靠著一個月一萬五千元的低收入戶和身障補助過活，五千五百元的房租是阿生可支付的極限。他聽人說，自己的情況應該可以拿到更高一級的低收入戶補助，但要重新申請福利資格，補助將會有一個月空窗期，他思忖要找個手頭寬鬆的時候，再來重新申請福利身分，「看能不能多一點補助，換到好一點的地方住。這邊真的很糟，空氣差、又小間。」

阿生說話的同時，屋內的小蟑螂如入無人之境般地到處竄動，他隨手撥掉冰箱上的小蟑螂，「這裡到處都發霉、死蜘蛛還在牆上，正常人誰想住這樣的房子啦。」

居住空間和付出成本不符比例，環境又是是讓人難以忍耐的破敗，不過阿生提起他的鄰居兼二房東——坤伯時卻露出難得的微笑，他和坤伯的關係，凸顯出一個由底層社群組織起的互助安全網，網絡裡除了連結資源的社工等公部門的角色外，還包括了弱勢租屋聚落裡的房東、二房東等人。這道底層安全網，撐起了老齡貧窮者的日常。

阿生說他大多時間都窩在房間裡，躺在雙人床的床板上盯著牆面發呆，他沒有電視，房裡總空蕩蕩的寂靜，偶有舊識來找他聊天，才難得傳出人聲。薄薄的三夾板隔出內外，阿生在房裡時，常能聽見左鄰右舍的租客坐在浴廁外的走道上閒扯。

走廊是租客們唯一能社交的公共空間，房客對走廊上蓄積不散的尿騷味倒是不以為意。不只房客會聚在走廊上邊抽菸，邊有一搭沒一搭的閒扯，每逢三節時刻，負責收租和管理的二房東坤伯還會擺桌拜拜。儀式結束後，就在這走廊上拉張桌子，與租客們一起分享供品。

坤伯是阿生當前生活裡除了社工外，最能依靠的人。坤伯的房間和阿生一樣都在一樓，只是房型比阿生小得多，一張單人床占滿整間屋，瓶瓶罐罐堆疊在門旁，衣服掛滿了牆。一張邊桌緊靠著牆，桌上的透明夾鏈袋裡裝著他的證件，說他都會記得去投票，房間雖然小，但收拾得整齊。坤伯的電視也總開著，讓房裡像有人作陪。

八十多歲的坤伯看上去並不顯老，彎彎的八字眉配上笑臉，有種苦中作樂的感覺。他老家在芳苑。風頭水尾之處養不起孩子，家裡六個兄弟姊妹全在國小畢業就來臺北當學徒。家鄉的人多往萬華發展，坤伯也是其中一個。那時要當學徒還得找人請託廠主，他在成衣廠幹活，包吃包住但也辛苦，坤伯的父親在芳苑養蚵，遇上中盤收了貨，人卻跑了，蚵農一分錢也沒拿到手。坤伯當完兵後，接手做中盤，收購老家芳苑一帶的蚵仔，再轉賣給遼寧街夜市的攤商。

坤伯有妻有子，只是他自己離家獨居，「做中盤都是半夜收貨，回家都深夜了。」日夜顛倒的作息讓他和家人起了衝突，「我回家時大家都在睡覺，弄出聲音他們覺得吵，後來想一想乾脆自己出來住。」收拾好，人便離了家，買了的房子留給老婆與兒子同住，一個人靠老本和兒子給的微薄生活費租屋。

「我原本租在對面。」坤伯指了指巷口的方向，「（格局）也是跟這裡差不多。後來那邊的房東，家裡兄弟間產權糾紛，我就搬到這裡。」只是坤伯剛租進來時，此處的老房東已不大想再招租。房東年紀大，管不動這麼多租屋瑣事，「租給這些人也不輕鬆啦，欠房租的、脾氣差的，一個便當盒沒放好就要動手的……管理這些也是很累啦。」

坤伯的左鄰右舍全是底層弱勢，像一樓另一房的陳丁，也是年近六十五歲。陳丁的父親早年在基隆港跑船，遺下母子二人在高雄老家，「日子過不下去，我媽帶著我坐火車去基隆找我爸。沒錢買車票，一路躲在廁所。」慢車開了一晚上，天亮到基隆，找著了父親，但一家團圓沒多久，母親就罹病過世。陳丁留在臺北，到工廠做工，當完兵後又回到臺北，就睡在臺北車站，接一些舉牌、派報的工作。

陳丁曾經在車站打地鋪時遭人襲擊，送到中興醫院就診，後耳縫了好幾針；也遇過颱風時，雨滴斜打在棲身的厚紙板上，好在臺北市社會局說服鐵路警察讓睡在外頭的無家者進車站避風雨。露宿街頭總睡不好，風吹草動都讓他驚醒，在車站睡了超過三十年，「這麼漫長的日子，這麼多的苦，就像一場修行。」陳丁彷彿入定老僧般地冒出這麼一句。

約莫十年前，社會局安排陳丁參加市府的「以工代賑」方案，由社會局聘僱，做一些清潔鄰里的工作，每個月固定收入可到一萬五千元，有了固定收入，之後社工安排陳丁租屋，同樣是一張雙人床便占滿房間的小雅房，房裡掛著他從社會局領來的外套、毛巾，一床薄被鋪在角落，「這裡比車站好多了，關起門有自己的房間可以睡覺。」

坤伯得知老房東打算停止招租，只想等到老房客離散後，便將房屋空著等都更。但願意租給老齡貧窮租客的房東實在難尋，少了一個出租空間，等於會有好幾個弱勢房客再度成為無家者。老房東無意再出租房子，這消息讓第一線社工頭皮發麻。

坤伯也跟著心慌，這些鄰居不如坤伯至少還有孩子奉養，再不濟也有家可回。坤伯害怕少了這處租屋點，鄰居們再次流離失所。此時臺北市第一代服務遊民的社會局社工張獻忠鼓譟著勸坤伯乾脆接下二房東一職，環境管理、收租全交由他負責，房東只管每月坐等租金進帳即可。兩邊談妥，房東樂得輕鬆，出租空間從此保了下來，而坤伯一接手，十幾年就這麼過了。

接手二房東一職後，坤伯還為浴室換上太陽能熱水器，「以前叫瓦斯，但瓦斯桶會被偷搬走。裝了太陽能的，出日頭時就靠它；陰天就轉到用電，方便很多。」遇上租客手頭緊，坤伯也會代墊房租或是塞個幾千塊給對方救急，「墊出去的大概有十幾萬了啦。」

房客間的人際問題既瑣碎又繁複，坤伯也難免心累，「收個電費也能爭執半天，一個說都是別人用比較多，他不給；一個又說哪裡看得出來他用比較凶，憑什麼他多繳。」有時也想搬到別處圖個清淨，坤伯苦笑：「可是看一看，又放心不下。」

坤伯的房門總敞開著，有事尋他，只須在門外喚一聲。人不在時，坤伯也會在門把上掛上「外出」的牌子告知房客。

列冊的獨居老人雖有市府提供的送餐服務，會有送餐人員騎著機車，每日兩頓把便當掛在門口，但送餐服務只有週間才有，週末就得自己想法子。「像我們這裡有些腳不方便的，二房東要買飯時都會問我們要不要吃，順便幫我們買。」說起坤伯，阿生眉頭終於鬆了鬆。

* * *

聽著老房東和老二房東們交談，會發現他們最愛說的一句話都是：「沒關係啦。」每每聊著房客日常裡的一地雞毛，最後總是一句「沒關係啦」收尾作結。後來才體會，這句話蘊涵底層生活中彼此為對方留點餘地的寬容。

房東建明都八十歲了，他出租的公寓在西區的果菜批發市場附近，一棟四層樓的小坪數老房子，夾藏在整排住家中。三十年來，建明長期和民間團體合作，專門出租給弱勢房客。

建明自己也租屋，老年的髮妻中風後，出入復健需要動用電動車，原本的房子沒有電梯，建明乾脆租個一樓，帶妻子看醫生時才方便。「老宅的租金收入，光是貼補全天候看護和醫療費，就打平了。」自己也是艱苦人，建明對老齡弱勢特別同理，能給方便就盡量給。

建明的房子，屋齡已超過四十年，一層一戶，大約八坪大小的空間。他曾碰過媽媽帶著精障的女兒和剛出生的孫子來租屋，入住沒多久，精障的女兒就揚言要開瓦斯炸掉整棟樓；也有房客突然失蹤，尋了好久才知道吸毒入獄，他只得去監獄探訪，解除租賃關係。

弱勢意味著人生的困境糾結成難解的毛球，「這樣的房客，坦白講，狀況真的比較多。」但建明的包容為這些人在城市裡留下一席之地。他會到醫院探視住了十二年的房客，要對方別擔心房租，好好照顧身體。最後對方臨終時欠了一年房租沒繳，「但他租十二年，才這一年沒繳而已，沒關係啦，還可以。」

住得久的房客，也曾在他房子裡闔上眼，問他忌諱屋裡死過人嗎？他笑說臺灣有句話叫做：「欲借人死，毋借人生。」意思是過世的人會保佑房子裡的人，借給別人生孩子，卻會把屋裡的運氣給帶走，「死在家裡有什麼奇怪。」

只是建明不介意，鄰居、里長卻介意得很，他說曾有租客來看屋，里長趕來，趁建明不注意，悄悄對著租客竊竊私語，說這裡死過好幾個人，搞得建明只得找人來屋子做法事，「做給里長看的啦。」

吳慶華是另一個老房東，他的電話在社福中心、地方管區和里幹事之間流轉，每個新人交接到的資料袋裡，都有他的聯絡方式。

吳慶華在出版業工作，嚴格來說他並不算房東，比較是管理者或二房東。而且是結婚後，這差事才慢慢落到他頭上。

吳慶華管理的幾處租屋處，位在著名的龍山寺後方巷弄裡，臨馬路的幾塊建地，都改成新式大樓，不過吳慶華家族名下的房產，還維持著老舊的低矮公寓格局。

幾處房子真正的房東屬於吳慶華妻子的家族，龐大家族有複雜的人際關係和權利義務，妻子的父輩共有七個兄弟姊妹，幾個姊妹未婚，其中一人領養了吳慶華的妻子，但早年未婚女性不能領養，因此名義上由另一個叔叔做養父，成了吳慶華一家的掛名爸爸。

管事的本來是妻子的另一個姑姑，姑姑年紀大了，吳慶華幫忙跑腿辦事，姑姑過世後，吳慶華也成了名義上的房東，房客都認得他，他也會在住家的大門口貼上紙條，寫著「繳房租請晚上六點後再來」，大門邊上還掛著一個小盒子，盒裡有租屋處的大門鑰匙，來幫獨居長者送餐的社工或是居家照服員都能逕自拿了鑰匙開門進入。

算一算，妻子的家族出租房子給弱勢長者逾二十年了。「他們家族早年在西區經營佛具店。」

當年佛具店有聲有色，還兼營堪輿、卜卦之術，替人判姻緣、揀墓穴。一九八〇年代，臺灣社會風靡「大家樂」，簽牌的賭客為求一夜致富，買尊佛像祈求中獎，更讓佛具店生意興隆。家族長輩賺了錢，開始在周遭買房、蓋樓，以佛具店為圓心，鄰近幾處房產，都屬吳慶華妻子的家族共有。吳慶華手指揮舞，指了指鄰近的龍山寺，又指了指另一頭的桂林派出所。

吳慶華就住在佛具店樓上，幾層樓分別還住了姑姑、叔叔。二樓的廳裡各處擺設大小不一的佛像，餐桌邊上有一尊半身高的佛祖，總盯著圍在桌邊的一家子。這幾年生意式微，過往一條街聚集四十幾家佛具店的盛況不再，殘存的店家數砍半。吳慶華妻子的家族早沒繼續經營，只剩屋裡的擺設，還約略能見到過去佛具店的痕跡。

說起當年如何開始將空房出租給高齡弱勢，吳慶華一臉稀鬆平常：「這裡還沒有艋舺公園時，無家者就是睡在騎樓裡。以前佛具店外面也很多。」二十多年前老丈人因緣際會結識了社工，「社工問有沒有人在出租房子，可以租給老人家。長輩想說，也算一個佛心啦，就租了。」

社工介紹的租客越來越多，家族把房子改成更多隔間的雅房出租。吳慶華默數現在手上擁有的出租單位，「大概有三十幾間喔，之前更多。這邊一處是五層樓的，另一邊還有一處是二層樓。」每個單位最初租金四千元，可以掛戶籍、申請各類補助。這幾年因為物價調漲，房租調了二次，漲到五千元，「這麼多年才漲一千塊，但也是很多人唉唉叫啦。」

租客形形色色，有的一住十多年，最後因為住院，或無法自理生活，被送往養護機構，才離了租屋處前往下一站；也有住了一、兩個月，人就欠租，連夜偷偷搬走，隔天留下一屋子垃圾給吳慶華，「我曾經幫欠租跑掉的房客整理雜物，總共清出一百二十公斤的東西，裝了五十幾包垃圾袋。」他苦笑自己去追垃圾車時，還被清潔隊員懷疑裡頭究竟裝了什麼。清潔打掃搞得腰痠背痛，吳慶華也只是撫了下額頭，「沒關係啦。」

「也有的人會讓朋友來借住、或偷偷給朋友掛戶籍，搞得管區整天來找人、貼法院通知單。」警察跟吳慶華說應該把那些不是租客的人的戶籍遷走，「但是遷戶籍要屋主才能去戶政事務所辦，我不是屋主嘛。」

還有租客過去在街頭流浪，曾被拐去賣身分證、當人頭戶，「搬進來以後換他成了『仲介』，四處去拐鄰居，問別人要不要賣身分證。」看得吳慶華好氣又好笑，只能提醒其他人別上當，免得未來官司纏身。

吳慶華不挑房客，出租公寓裡唯一的規矩是「只收男性」，「我們這裡一層隔好幾間，浴室又是共用，如果混住，怕會有問題。」

他鮮少驅離房客，高齡、身障全都願意租，他的房客來源多是社工轉介，具備社會福利身分，需要安置個案的社工時常打給吳慶華問問有無空房，「有空的我們也想趕快出租啦，這樣才有房租。」幾處出租點總是滿床，偶有人離去，半天光景就能迎來新租客。

難得一次驅離，是因為房客做水泥工，把工作用的水泥刀、攪拌機等器具擺了一排在走廊和地下室出入口。消防安檢人員撞見，認定有公共安全疑慮，開了罰單又要求限期改善，「罰單當然是開給房東，我們繳啊。」房客把工具挪走，但幾天後又恢復原貌，鏟子、水桶全擺回走廊，再度被消防安檢人員發現，又開了一次單。「最後我跟他說這樣不行，會影響公安。他自己也知道，就搬走了。」

至於欠租的，在吳慶華那裡多少都還有彈性空間可以講價，「之前有個房客欠租欠了三個月，他後來因為涉及詐欺案被抓去關。」人不在，但吳慶華沒把房間改租，反倒是給了寬限期等房客回來。「出來以後他又回來繼續住，住到現在都還在。也是滿厲害，欠租都陸續還清了。」

只是有時租客跑路，人就這麼消失，留下滿屋子東西，「以前我會清空，把東西丟掉。但是有次我們東西丟掉，結果房客過一陣又出現，說要告我們把他私人財產扔了。那時還是我姑姑管事，最後賠了十幾萬。」吳慶華一臉無奈。現在遇到房客消失事件，吳慶華整理打包時都會找里長、社工陪同，邊拍照存證，「東西幫對方保管半年，半年沒出現我再丟掉。」

週間出版社的工作結束後，吳慶華會繞去租屋處巡巡看看，換換燈泡、修修馬桶，聯絡水電師傅維修馬達，或找抓漏的來處理地下室漏水問題。房屋老舊，也就常出毛病，一下線路毀損，一下水管爆裂。他不去，房客也會找他，「租給這些人也是吃力不討好。光掃具就十幾枝弄壞弄丟，燈泡不亮、馬桶不通、喝酒打架、東西不見……各種問題都要找你處理。沒事的時候沒事，有事的時候，麻煩一大堆。」

但吳慶華沒想過收回房屋，或重新裝潢後改租給其他客群。部分原因是房屋牽涉到大家族糾葛的產權問題：「因為房子都是共同持分，老一輩過世後產權分給子女親人，越分越細、越分越複雜。但如果要改建，得要大家都同意，還要講好出錢的比例，也沒那麼容易。」茲事體大，也就先擱下。另一方面，當年租給弱勢族群，是祖輩發的善心，大家不想違逆這初衷，也就繼續租下去。

三坪大的小房間是多數租客人生最後的落腳處，「生老病死，就當做善事。」租客前往彼岸後，吳慶華也為他們抹去世間剩餘的殘影。「之前有個生病很久的，可能太痛了吧，他後來在房間燒炭自殺。」或許是看得多也就看得淡，後事的處理流程在吳慶華腦中成了一連串熟悉的指令步驟：通報社工、里長、屍體送往醫院太平間，等著檢察官驗屍，接著清理屋舍……。

「有時過世比較久，屍水都出來了，那種就很難清理。」吳慶華說他有次遇到租客在房裡過世四、五天才被發現，「地上有屍水的印子，本來要找人來處理，報價一萬多，丈人那邊覺得太貴，我就一個人慢慢弄，用消毒水、漂白水慢慢擦。」死者的房間再次成了空蕩的屋子，馬上就能出租。

幾個住得久的房客也和吳慶華有默契，總會看顧一下左右鄰居，有什麼異狀，趕緊和吳慶華聯繫，「那幾個都被我視為『管委會』。畢竟這裡都住老人家，我常跟他們說，沒事就注意一下彼此的狀況，有事要講。我也有請幾個房客幫忙打掃公共區域，或隔幾年油漆一下牆面，然後付一點薪水給他們。」

王中興也是另一處租屋聚落的「管委會」成員。他的租屋處鄰近龍山寺，出門穿過馬路能到達艋舺公園。

艋舺公園裡總有幾個人圍成一圈，圓圈的中心是一腳盤在石椅上，駝著背聚精會神對弈賭象棋的兩個人；另一邊，好幾個人將兩張塑膠椅疊高後當成桌，桌面攤著一疊紙，紙上全是密密麻麻的數字，旁觀群眾聽著彼此口沫橫飛分享著自己如何洞燭奧祕下注簽賭。

王中興年輕時喜歡簽牌，他在靠近青年公園那一側住了近二十幾年，一有閒就會來艋舺公園和人聊天、簽牌。六十三歲那年王中興搬到艋舺公園附近，彼時他還未有任何福利身分，只靠偶爾接接零工拮据地過，也不簽牌了，「不像年輕時啊，真愛賭，一天幾萬都在簽。」遷居到龍山寺附近七、八年後，年過七旬的他如今特別反感那些賭錢欠租的，讓他這個二房東難做。

從前住的青年公園附近的房子，是王中興大哥買下的。二層樓的平房，一樓做店鋪，二樓當居所，「後來店鋪生意不好，就收了。」王中興的老家本來在八德路上，他還小的時候，八德路一代全是田，父親就在那種地。

王中興的七個兄弟，除了最小的弟弟外，其他六人國小畢業就開始工作，做的全是勞力活，王中興跟著四哥一起做退輔會的外包商。「以前退輔會會做巴士的車殼，我們就是配合的包商，有案子就接。」

另一個大他八歲的三哥王中仁，偶爾也和王中興一起做些車體焊接的工作。沒有案子時，王中仁就到臺北橋下那一帶等招工。一九七〇年代臺灣房地產火熱，建築工人需求大增，等待派工的流動工人早晨六點便陸續聚在臺北橋下等著工頭，隨人潮而居的小販也跟著靠攏，一時半刻工人、工頭、賣早點的、賣檳榔的，上百人全擠在橋墩下。直到八點工人們陸續上工後，人潮才散去。鄰近的大橋市場有上百個攤商，樓下賣雜貨，樓上賣些清茶、飲料，供流動工人小憩。

一九八〇年，臺北市房地產價格每坪不到十萬元，到了一九九〇年，價格已近乎翻倍，每坪售價超過二十五萬元。土地做為換取資本利得的媒介，都市空間也頻繁地更新輪替，為資本覓得新的投資標的。王中興八德路的老家，在他年過不惑那時也遇上都市更新。老家拆了以後，一家子總共拿了三百萬補償。

那陣子王家另一個哥哥和弟弟出車禍過世，大嫂也往生，家裡辦喪事的錢都不夠，只能跟人借。都市更新的回饋金扣掉拿去還債的部分，剩下的五兄弟分一分，一人也才得幾十萬。「在臺北市，買根梁柱都不夠。」做了一輩子工人，只有租屋的命，王中興也只能苦笑以對，他本來想先買房，再成家，可惜房地產上漲的速度遠比薪資成長的幅度快上許多，王中興遲遲沒有結婚，如今孤身一人過。

老家拆除後，王中興搬到大哥的房子住。再後來，退輔會的案子沒那麼容易得手，「以前都是議價的，講好就是你的，後來要公開招標，我們小公司，標不過人家。沒拿到就沒拿到囉。」案源少了，王中興開始零碎地接一些工地活，隨著年紀漸長，慢慢體力不行，也就沒做了。

大哥過世後，王中興搬到龍山寺這頭，「我跟嫂嫂不和，一直住在那邊也不好。」經朋友介紹，才搬到現在的租屋處。

第一次來，我沒找著王中興住的公寓，因為他住的公寓夾在臨街的大樓後頭，得先穿過大樓旁縱深狹長的走道，進到一處天井——天井牆邊掛著一臺電視，擺著一張圓桌，還停著好幾臺腳踏車——才會看見王中興住的那幢五層樓高公寓。

王中興的房間就在一樓天井邊，是管理員室改成的雅房，窗戶還看得出以前是個收發用的櫃檯，地板比外頭高一個臺階，還好王中興的身體還矯健，雖然頭髮已白，但抬腿還不費力。房門對著大路，租客會坐在他房門外的圓桌邊聊天，王中興也會倚在門口邊抽菸邊和其他人閒扯，或坐在收發處後頭，用手機看影片。

他的租金一個月四千元，包水包電，不用押金之餘還能掛戶籍，讓房客可以申請各類補助，王中興很滿意。他房裡一張單人木板床，床上鋪了薄薄的墊子，靠牆邊一張書桌，桌邊放了顆底部發黑的柚子，牆上還掛著幾件夾克。

艋舺公園不只能簽牌、賭象棋，還是各種資訊的交流地，「公園裡面大家都會交換情報，像我也常聽他們討論怎麼申請社會福利，聽一聽就會了。」滿六十五歲就我就趕快去申請了。」

王中興搬進來後，和當時的二房東相熟。「有次他跟我抱怨有人欠租好幾個月，請我幫忙處理。」王中興一看欠租的房客有工作，只是愛去附近簽牌，才會一輸就沒錢繳房租，王中興腦袋裡算盤撥一撥，就跟對方商量，「他一天做工薪水有一千多，那就拿五百塊出來繳房租。這樣十天就繳五千，也等於繳回一個月房租。」對方同意，起初三天還有按時繳錢，後來又開始欠租，「我就問他一天五百是不是有困難？他說五百太多，他沒辦法過，我就改成一天繳三百。」就這樣斷斷續續分期繳費，租客最後倒也結清了欠租。

二房東年紀大，身體每況愈下，不想再插手這勞心勞力的活，便接棒給王中興。王中興個性俐落，「接的時候我就先跟房東說好，有人欠租我可不墊，我沒錢。」房東一個月付給他三萬塊薪水，「比前一個二房東少。」王中興嘿嘿冷笑：「被我發現。但算了，沒關係啦，接都接了。」

但當上二房東，王中興才發現欠租還不是最費神的事，「善後」才是最辛苦的活。他帶我上樓下樓到處看，一邊說自己遇過太多租客，欠了租金連夜搬走，「我們這裡月底繳租金。那福利補助是每月八號發，租金補貼是二十八號領。有時補助發下來，跑去簽賭、喝酒，用過頭了，到了二十八號領租金補貼時，就要拿租金補貼來墊，等於沒錢繳租金。沒錢繳，欠一、二個月，人就跑了，留下滿屋子垃圾。」

曾有一個跑掉的房客，屋子雜物堆到門都推不開，「那房客有在跳蚤市場做生意，不知道從哪邊撿了一堆東西，堆到房門都堵住。」王中興只能邊翻白眼邊一點一點慢慢清，「房間在五樓，有的東西我搬不下來，就甩在頂樓了。」

「前一個二房東不住這裡，晚上就離開，有些房客突發狀況，他就顧不到。」王中興叨著菸笑說：「他當二房東的時候，至少五、六個房客死在自己房裡。我當二房東五年，只遇過一個死在自己房間。」過世那人，有天喝醉被朋友扶著回住處，隔天其他房客路過房門，看他睡覺緊鄰著床沿一副快掉下床的樣子，感覺不對，「就叫我去查看，一看發現過世了，馬上叫警察來。後來跑了好幾趟做筆錄，忙死了。」

擔下二房東之職沒多久，王中興接到醫院電話，他的三哥王中仁昏倒送醫了。王中仁本來一人獨居在新北市，在住家附近公園散步，猛地倒下。「我連是誰送我去醫院的都不知道，檢查後才發現有腦瘤。」王中仁口齒不清地回憶。他想著開刀醫治，免得整天被頭痛耳鳴困擾，但年紀太大了，醫生不建議開刀，怕風險高。

「我三哥之前租的地方在二樓，年紀大了上下樓不方便。他以前跌倒過，腳受傷，下樓更難。而且那邊是違建，不能掛戶籍，沒辦法申請租屋補助。」院方本來建議他把三哥送去安養機構，「但我哥還能動啊，為什麼要送安養。」王中興索性讓三哥搬到他這邊，也好就近照顧。「剛好有空房，我就趕快預約了。」

三哥搬來以後，王中興幫忙遷戶籍、申請福利身分和租金補貼。「他現在腿腳不方便，我也幫他申請長照居服員，一週三天，會有居服員來幫他洗澡。」

申請長照的事，一樣也是王中興在艋舺公園聽著聽著就學起來的。住到艋舺公園附近後，王中興發現裡頭一屋子老人，各個房客的數位資訊能力不一，有的甚至不識字，雖然每個人各有福利身分別，身分別再連結到一個專職的社工，像是獨居老人有服務獨居老人的社工；低收入戶則歸低收入戶的社工關照，至於老人送餐，則是如報時的鐘一般準點，每日都會固定在傍晚時分到來。

系統透過社工輸送著各種服務和資源，但社工不會天天出現，而送餐只管週間，不管週末。可獨居長者的身體狀況卻隨時有變，需要有人看著。福利服務間的裂縫，就靠著這些二房東來遞補上，隨時照看房客的身體變化或緊急需求，「像之前有幾個住很久的房客，年紀大了腿腳開始不行，我就打去社會局問，一步一步幫他們申請到長照服務。」

清潔、管理外，王中興幾乎是這棟樓的福利資源窗口了。他平時還做各種雜事，「像房東本還有請個固定來清潔和粉刷的工人，但一次才給二千元，沒有人要接，錢太少啦。最後就我自己做了。」

二〇二一年的冬季，王中興更忙了。附近的巷子遇上幾次火警，為了加強安全，建管和消防單位來來回回稽查。

低廉租金意味著更少的舒適和更多的風險，服務高齡貧窮者的社工們都心知肚明，這樣的老舊房舍往往只有低度維護，加上管線老舊，隔間也未必使用防火建材，公安風險高於其他住宅，一旦遇火，恐怕都是嚴重死傷。

同一年的十月，高雄鹽埕區就出過一次嚴重火警，讓弱勢租屋的問題短暫浮上媒體版面。十月十四日凌晨兩點，鹽埕區一幢十二層高的住商混合大樓竄出火苗，大樓位在兩條馬路的交界，周邊多是老式五層樓公寓，附近還有個市場。百輛閃爍紅光的消防車、救護車飛奔到現場，三百七十七名消防隊員進行現場灌救。

失火的城中城大樓，一九八〇年完工，一到四樓曾是商場百貨，早停業許久，荒廢的空間堆滿廢棄塑膠和建材；五、六樓是挑高的電影院，天篷已塌，座位區上方的糞水管破裂，汙水濺滿尼龍座椅一身。走廊、樓梯間不知被誰用噴漆噴上經文、阿彌陀佛等字樣，像是香港的九龍皇帝到此一遊。頹圮的樓房外，中庭卻是綠意飽滿，一棵榕樹突出，庭中有奇樹。

七樓到十一樓屬住宅區，走廊只有幾盞燈泡供照明，地磚不是下凹就是突起。大間的套房七、八坪，小間的五坪上下，一張床、幾張椅，和滿室雜物，便占領了整間房，幸好還有對外窗和獨立衛浴，提供基本的生活機能。住在裡頭的一百多戶居民，以獨居的低收高齡老人最大宗，有的藥袋灑滿床鋪，有的簡易鐵架上放著過世老伴的遺照，幾炷香擺在相片前。

再來還有打零工度日的勞動階層，有些攜家帶眷的，一家三、四口擠在小屋。「有的住戶找到穩定工作，有能力以後，就搬走了。這邊環境太差，剩下都是沒辦法，走不了的。」曾是住戶之一，失火後搬到城中城附近住下的韻如說，城中城滿足了低價住所的需求，「住在這邊，一間房租金只要三千元，這些靠低收過日子的老人，房租扣一扣，剩下的錢還夠生活。」

獨居者多，每年總會碰上三、四次房客過世。人死了，總得拖到一段時間飄出惡臭後才會被發現。有時過世得太久，「味道像是一百隻老鼠死在房裡那樣強烈，屍體的臉都爛掉，像爆炸過。」曾和警察一起上樓處理的當地里長林傳富形容。通道老有貓狗的排泄物，但住戶請不起專業清潔公司來打掃，只能久久一次找些臨時工來處理。偶爾有志工到此關懷獨居老人，「走廊又暗又窄，很多志工來一次就不敢再來。」林傳富苦笑。

部分房間閒置多年，房東早不知去向，「外面的人會溜進來偷住，一住二十年的都有。水、電就跟鄰居借來接，或偷接公電。」韻如也曾借鄰居接過電，結果電費帳單一萬多元，把韻如嚇了一跳，「我那時打零工，沒錢繳電費，借電的鄰居又跑了，害我被斷電半個月。」韻如苦笑，那半個月，換成她跟其他鄰人借電，「反正我們這邊一堆做水電、水泥的，管線都會自己接啦，只要你找得到人借你就好。」走廊牆壁上爬滿私接的電線。

在城中城住了二、三十年，韻如說這裡就像香港的九龍城寨。都市的弱勢能在此覓得安身處，雖破敗，卻也像個神仙窩。

那晚厄夜大火燒得人心惶惶，數十個屍袋從林傳富的服務處前經過，他胸口突突地跳，好幾天睡不著覺，睜眼到天亮。那天一直到下午四點，搶救行動才告一段落。最後共救出八十七人，其中四十六人死亡、四十一人輕重傷。

事後檢討，城中城多年沒有管理委員會，導致消防安檢難進入，加上樓內防災設備匱乏、居民也未必有足夠防災意識，最終造成嚴重傷亡，成了史上死亡人數第二多的建築物火警事件。

在老齡貧窮的租屋者身上，公共安全與居住正義簡直是場矛盾大對決，難以兼顧。建管處和消防單位也只能透過連番稽查和消防安檢，先亡羊補牢地維持住這些老舊出租公寓的安全性。

城中城大火後，王中興賃屋不遠處，另一個弱勢租屋據點也發生火警。騎樓處有人暗夜喝醉，酒後爭執引發縱火，火勢向上蔓延，老宅裡的六個租客因此過世。連著幾場惡火，讓建管和消防更加緊鑼密鼓地補破網。

王中興住的這棟樓，被消防安檢單位認定公寓的隔間過多，不符安全規定，得拆。「每層原本隔了十個房間，要拆掉剩五間。房客怎麼辦？房東是說不然改成一間住兩個人，房裡看怎麼用東西擋一下，分成兩邊。」

王中興有點苦惱，要合租，房客之間是否合得來？住久了翻臉又該怎麼辦？到時又是他這個二房東要費神，但他暫時想不到其他辦法，在有屋可租的最高前提下，為了符合安檢規範，也只能先犧牲一些舒適度，「總不能叫他們搬走吧，能搬去哪？」他只能好言勸著房客趕緊收拾好房裡的雜物，該扔的扔了，免得妨礙施工。

吳慶華家的出租公寓同樣遇到嚴格的消防安檢。「五層樓的這一棟，同樣被說每層隔間太多，建管叫我們要拆到剩五間。」另一處二層樓的，其中一層是地下室，「地下室說是避難空間，不能出租。那我們也只能摸摸鼻子全拆了呀。」

「拆掉隔間和地下室，我們就少了很多租金收入。」吳慶華聳聳肩苦笑，而且拆除前還得找建築師來畫圖，等建管單位核准才能施工，「不是你自己可以隨便亂拆的。」吳慶華邊說邊用手指節敲著桌面，腦袋裡一減一增地算著。「現在我們出租單位少了近十個，一個月少好幾萬。」他沒好氣地說：「而且那是因為我們這邊算是合法的、檯面上的房東，消防建管才管得到我們。一堆檯面下的房東，都是管不到的，他們根本不用付這些成本。」

公安風險最高的老舊住宅，承接著住宅需求最無法被滿足的老殘窮租客，但就像王中興的提問：「不然還能搬去哪？」

安檢後幾個月，五樓開始動工，「原本住在這的房客，有的年紀太大，移去安養機構，有的就先搬走，之後再看要不要回來。」王中興巡視著五樓工地，邊走邊把玩著手上一串鑰匙。有機溶劑的刺鼻味占據整層樓，油漆工具、新的馬桶座堆在走廊，房裡難得的空曠，沒有人、沒有雜物。隔著樓板，四樓的房客對公寓這幾個月出現的變動倒是如入定老僧一般淡然，穿著白底帶圓點的睡衣褲安坐在房中，靜靜聽著樓上的動靜。

汪勉本來想幫著整理房間雜物，但行動不良，加上房間實在太小，幾個人站在裡頭連轉身都不方便，宗明軟言勸著汪勉在外頭休息，讓他們來就好，汪勉起初不願意，最後才半推半就地坐在走廊的輪椅上休息，看著我們進進出出。

收拾門後雜物才發現，汪勉的房間門壞了許久，開關時都能聽到嘎嘰嘎嘰的聲響，問他這門怎沒修？他說他曾經請住在同棟樓上方的房東修理，「房東說這是故意放著壞的，這樣我開門時發出聲音，他就聽得到，知道我人還活著。」

汪勉說，房東真的對他很好，可惜新冠肺炎疫情高漲的那陣子，房東突然過世了。汪勉想著房子大概就是交由後輩接手，但還會不會維持原貌，依舊出租給老齡貧窮的房客，他不敢往下多想，害怕有什麼變故。

折騰大半天，汪勉的舊床架終於被拖出小房間，拉到室外肢解。宗明一邊清出汪勉不要的雜物，一邊喃喃自語，「如果我住這邊，絕對不會把房子弄這麼髒。」宗明也想租屋，他剛熬過新冠肺炎疫情的這些年，疫情嚴峻的日子裡，原本暫居的網咖關閉，他只能睡在車站。露宿的生活很難有完整的休息，「有時睡旁邊的人喝酒打架，很吵。」

休息的片刻，宗明從隨身的紫色尼龍袋裡拿出寶特瓶，瓶裡有他在公共飲水機裝滿的水。仰頭灌水的時候，宗明能從巷子裡低矮公寓的天際線，望見外頭靠近萬華火車站那側新建好的幾處飯店高樓。那幾幢高樓曾被當地人視為西區地產發展的指標。

擦完汗，宗明回到屋裡，眾人準備合力把新床架組裝起來。房間太小，幾個人蹲踞在地，背貼著背、屁股抵著屁股，起身時還會頂到後頭的夥伴。室內悶熱依舊，還多了剛剛清潔時用漂白水擦地的刺鼻味，讓人眼淚直流。組裝好的床架如龍骨，一根一根的木條橫亙在床框裡，「你的床墊呢？」宗明問汪勉。

「我沒有床墊，不用床墊，我就直接睡在那上面。」汪勉豪氣干雲地說，「地板我也都睡過了。」

宗明皺著眉盯著眼前的床架，心裡納悶人在上頭簡直像烤肉架上的肉塊一樣，能怎麼睡？

一同打掃的夥伴露出不耐，組裝床架已讓他全身汗溼，上衣浸滿了汗水，但掉頭就走似乎又顯得殘忍，一時有些進退不得。宗明和夥伴只得裡裡外外翻找一遍，尋覓能代替床墊的東西。

宗明在走廊牆腳邊發現一捆裹著的竹席，尺寸稍大，超出汪勉那裝新的單人床架許多。

「不然把竹席折對半。」汪勉出著主意。

「你頭腦真的好，難怪可以當牙醫。」打掃的夥伴連聲稱讚著汪勉，汪勉有些受不住稱讚又有些得意。折了對半的竹席正好塞滿床框，薄薄一層竹蓆鋪上後，汪勉似乎很滿意，「這樣可以啦，這樣很好。」

終於盼到完工，一群人拎著掃除用具走出室外，汪勉踉踉蹌蹌跟了上來，一手搭在半開的門把上連聲道謝，等宗明一夥人走出巷口，他才掩上門，慢慢拖著腳步回到房內。衣服全溼的宗明準備到臺北車站附近找地方洗個澡，可能是運動中心，也可能是社福機構。他掂量著交通方式，雖然捷運比較舒適，但他還是決定花點時間走到火車站，畢竟區間車只要十五元，捷運要二十元，而接下來幾天，他可不一定有零工可接，還是省一點保險。

幾個月後我回到汪勉租屋的巷子找他，天氣已經從盛夏轉為寒冬，租屋處外的馬路邊有四、五棵櫻花樹開了花，落櫻繽紛，滿地的妖豔，每天都有人佇足拍照。我問他新床板還合用嗎？沒有床墊會不會睡不好？他笑了笑：「沒關係我就坐著睡。」又隔幾天，我拖了個單人小床墊來給他，讓他鋪上床好躺一些。

我們聊天時，汪勉指了指幾公尺外，阿生那處租屋聚落，聚落外圍起了鐵皮，「那邊要拆了。」汪勉說道。老房東過世了，兒子不願繼續管理租屋雜事，決定拆除。

幾個房客還不清楚究竟為何說拆就拆，也只能坐在屋外椅子上抽菸，接受這些生命中不可承受之意外。

習慣了「沒有選擇」後，搬家不過就是從一個房間換到另一個房間。「聽說拆了以後是要蓋公園。」阿生的鄰居一屁股坐在屋外的椅子上翹著二郎腿，接著一把將香菸塞進周圍長滿茂密白鬍子的嘴裡。

從白鬍子坐著的位置望進門裡，還能看見裡頭有幾間房，地上擺著行李箱、幾袋打包好的雜物，原本掛在牆上的衣服也都收拾妥當，就剩床上擱著的一手啤酒還沒安置。屋裡靜悄悄的，不少房客已先遷走，只剩零星租客還在整理家當。

白鬍子說他已找好下一個落腳處，挾著香菸的手往外一揮，指了指某個方向。「我要搬去另一棟大樓。房租已經給了。」白鬍子揮了揮菸灰，念出新租屋處大樓的名字，我們對看了一眼，沒有多說什麼。白鬍子即將要搬去的地方，是幢屋齡超過四十年的大樓，距離目前的租屋處大約五百公尺，大樓在當地頗有名氣，那處街區每到傍晚，附近騎樓總站滿應召女郎和來此尋找溫柔鄉的酒客。有陣子應召站的負責人搶地盤，暴力事件頻傳，員警不分晝夜在大樓附近的巷弄裡站崗。

搬遷隱藏了巨大的成本：找屋、看屋都得花上時間成本；接著是打包和移動。最糟的是只能在有限的時間裡被迫接受更差的居住條件。白鬍子、阿生和其他曾住在這裡的居民，失去的不僅僅是一隅棲身處，而是公寓裡住戶共同發展出的生活模式，以及相互支持的人際網絡，這份集體所凝聚而成的效能，多少彌補陋室本身硬體設備不符安全規範的缺失，但每次的搬遷，卻是一再打破好不容易構築起來的網絡，讓人重回孤島的樣態，獨自在都市中沉默地活著。

她離婚、無兒無女、住在都會區裡一處自購小套房；她喪偶，一雙兒女各自嫁娶，只剩一人留在農村的祖厝過日子；她遠嫁臺灣，前段婚姻的孩子都在海外，老公住了院，只剩她獨留在租屋處。三個女人的三種生活，決定了當她邁入遲暮後，能有多少國家資源來輔助。

攝影：呂苡榕

第六章 三個女人

在車站周邊田野的日子，偶爾老張哥會傳訊息跟我聊聊近況，告訴我不同季節時車站周邊無家者的人數消長，或是又出現了哪些新面孔。有天我接到老張哥電話，我們聊起「脫離遊民狀態比較難，還是脫離貧窮狀態比較難」這一沉重話題。

「當然是脫貧難！」聊著聊著老張哥在電話那頭提高了音量，「找個工作，或是拿到福利身分，有穩定收入後再租個房子，你就有機會脫離街頭啦。」他總想把掉落在街頭的人推回到某個穩定前進的軌道上，但那軌道總能把人再度甩落，他見過太多人好不容易離開，沒隔多久又因為生活總是匱乏，因此再度回到街頭。

「就算拿到福利身分，房子又申請到租金補貼，但一個月領一萬多塊的補助，在這個時代也是不好過啦。」老張哥「嘖」了一聲，「而且一萬多塊的補助還只有臺北市才會給這麼多，其他縣市更少，怎麼過生活。」無家者之間都流傳著這潛規則，過了橋到臺北市，福利身分的補助硬生生比其他鄰近縣市好上許多；橋的另一頭，申請到最低等級的低收入戶身分，一個月只有七千元的生活補助，而二〇二三年公布的臺灣最低生活費是每月一萬四千多元，要靠補助穩定生活確實有難度。

有時我們並肩坐在車站外，他會指指這再指指那兒，告訴我哪些人其實已有某個縣市的福利身分，還有穩定租屋，但補助夠他過得了月初過不到月底，只得在街頭領取社會善心資源來貼補生活，或是乾脆退掉租屋回到街頭。

老張哥的話提醒了我，街頭上的無家者是老齡貧窮的極端狀態，卻不是唯一的樣貌。個人的支援系統、所在的城鄉區位條件，以及有無福利身分和穩定居所等幾組變項，全都牽動個人的老年生活，但有了福利身分不表示生活無虞，有個穩定居所，也不等於能安穩度日。幾組條件排列組合後，最終仍有可能得到的都是「老齡貧窮」這個結論。街頭呈現了部分貧窮的模樣，但每個屋簷下，也藏著各自的捉襟見肘。

離開街頭後，我走進雁秋、藍奶奶和阿雪阿嬤三個女人的家，她們有的賃居在高樓陰影處的公共住宅裡，有的獨住在農村阡陌深處，三個人的家門口都是一片寧靜，門裡的日子是浸透在匱乏裡的日常。

腿腳不方便，是這三個女人共通的毛病。

雁秋的華廈小套房裡擺著一張床架特別高的雙人床，占去了二分之一的空間。那是她特地上網買的。前幾年她膝蓋不好，腿腳使不上力，躺著準備起身時，得慢慢翻滾到床沿，一腳先落地，手扶著床頭櫃，把身體撐起來後，另一腳跟著落地，接著雙手使勁抵著床，靠反作用力推起屁股，這才下得了床。

雁秋決心換一張床腳五十公分的床。她身高接近一米七，五十公分的床架加上床墊的高度，能讓她雙腳落地時上身正正地與床垂直，「身體比較容易撐起來，不像以前床太矮，屁股都陷下去。坐下就起不了身，手撐著推老半天起不來。」

走進她的獨身小套房，一進門右手邊就是廁所，再往前看便是房間，格局盡收眼底。雁秋指了指馬桶，又指了指床，逐個動作分析起她的日常。「上廁所也一樣，手得扶著馬桶水箱慢慢撐著身，才站得起來。」

床頭板是雁秋撿來的，「那本來是一塊桌子，我看它被丟在路邊沒人要了，顏色又和我的床架很搭，就拖了回來。」往床邊一擺，桌板和床架還真像天生一對。

雁秋剛滿六十五歲沒幾年，是三個女人裡年紀最輕的。和雁秋一樣住在都會區的藍奶奶則是已過八十歲了。膝蓋沒力痠軟的症狀更勝雁秋，上床下床太費勁，藍奶奶索性不坐椅子也不睡床了，就在租屋處的客廳地上鋪著一塊紙板，一開大門就能望見那塊紙板，平鋪在靠牆邊一張單人床，和對面牆邊的電視之間。藍奶奶平日就坐在上頭，要睡覺時，再把棉被攤在紙板上，成了個地鋪。

藍奶奶的背駝得幾乎和雙腿成了九十度直角，站著時得微微偏著頭，才能看見前方。須從地上起身時，她會先摸索著單人床的床腳，扶著床腳扭過身改成跪姿，一邊將手往上游移到床板、床尾的欄杆，拉起身體，一邊再讓腳緩慢地使勁站起。

她的腿總是痛，想申請個長照的居服員來協助日常起居，拄著傘當拐杖走過一間又一間醫院，找醫生問問可以怎麼做，「醫生說我還能自己走來醫院，就好好的啊，不能申請長照。我怎麼會是好好的，我這兩條腿，一直都在痛。」她拍了拍雙腿，心裡只覺得醫生的邏輯莫名，「我現在就一個人，沒人照顧。不自己走去醫院，還能怎麼去？」

都會區的優勢在於大眾運輸設備的高密度，以及生活圈周邊滿布了腳程能到達的醫療機構，雖然雙腿不舒服，至少還到得了醫院。

至於和藍奶奶差不多歲數，住在非都會區的阿雪阿嬤，老家三合院與醫院的距離，恰似城市與偏鄉間的差距，遙遠到不知怎麼填補。阿雪阿嬤每三個月要慢性病回診，但她住在嘉義縣一個不大不小的非都市鄉鎮，計程車少，復康巴士又得預約，雖然嘉義縣每月補助一千元讓長者搭乘大眾運輸工具，但此地沒有什麼公共運輸可用。她只好叫白牌車，「來回一趟二百元。」

阿雪阿嬤的家還算離大路不遠，幾幢三合院圍成一個聚落，聚落裡蜿蜒著可供機車通行的小徑，聚落外是田地，和連結市區的大路。車子停在大路邊，阿雪阿嬤還能拖著腳步慢慢走到大路邊搭車；但有些老鄰居住在小巷弄底，車子開不進去，人也走不出來，小徑成了鴻溝，住在深處的老人家乾脆放棄就醫。曾有個住附近的阿伯，大車開不進巷子裡，阿伯就自己騎腳踏車去看醫生。有次騎車跌倒，再不敢騎，住家又離馬路太遠，想看一趟醫生得折騰半天，阿伯索性不去了，慢性病好久沒回診，延誤了就醫。

除了固定回診，阿雪阿嬤變得越來越少出門，以前還會四處去撿撿回收，到社區食堂共餐。但這幾年腿腳老毛病又犯，光繞著自家三合院一圈就得停停喘喘，出門成了一件難以完成的任務，「只有早上起來走一下當運動。」

阿雪阿嬤居住的三合院屋頂低矮，客廳裡擺了幾張高矮不一的板凳和一張床板。客廳拐個彎便是阿雪阿嬤的房間，雙人床靠著牆，床邊書櫃上還留著孩子的童話書，一張咖啡店塑膠招牌堵住破了洞的窗，大大的C掛在窗上。

不過阿雪阿嬤已不走回房間睡覺了，和藍奶奶一樣，活動範圍主要圍著客廳，白天她就坐在客廳的小凳子上，聽著電視裡連續劇的聲音，或是廣播，等長照的居服員來幫忙做飯。晚上睡在床板上。平日裡七點就上床，凌晨三點便清醒，「有時躺著，腿很疼，翻來翻去像煎魚一樣。」

鄰居知道阿雪阿嬤做回收，會拎著一大袋瓶罐放在阿雪阿嬤的院子裡，阿雪阿嬤整理好以後，再由回收業者來把物件收走。「大半年也才賣個五、六百元。沒辦法，我還要人家來載，自己拿去（給業者）錢會多一點。」

洗澡總是最麻煩，廁所蓋在屋後，阿雪阿嬤得要弓著身、拖著腳步繞到屋子後方，坐著慢慢洗。肥皂上身後容易打滑，加上腿腳沒力，跌倒幾乎是迫在眉睫的危機。但她沒有再多請一個居服員幫忙洗澡，「請了還要另外再花一筆錢啊。」

她和藍奶奶一樣，屬於醫師眼中「有自理能力者」，不到可申請補助的失能狀態。若要請居服員，自行負擔的費用不低，阿雪阿嬤一個月收入僅有老人年金和做資源回收的所得，平均不到五千元。靠這幾張鈔票要打理日常吃穿用度的一切，她已沒有餘裕多支出一筆居服員的費用。

三個人都有過婚姻。婚姻裡依靠和羈絆相生，更現實一點，一個人步入老年，婚姻有時綑綁了照顧系統，有時關係到資源輸送。

藍奶奶四十幾歲嫁來臺灣，「朋友介紹我認識伯伯。」藍奶奶喜歡稱現在的丈夫「伯伯」，伯伯是退伍軍人，大她十七歲，還會說廣東話，藍奶奶是馬來西亞華人，也會說粵語，兩人初識就用廣東話聊起來，談得投機，相戀後步入禮堂，藍奶奶便和伯伯一起住在臺北西區的出租國宅。

藍奶奶的老家有五、六個兄弟姊妹，小時候靠舅舅和外婆帶大，媽媽在外地工作，鮮少和孩子見面，至於父親，她早想不起這人的模樣。家裡日子過得苦，藍奶奶成年後匆匆地嫁了人，想脫離原生家庭和什麼都匱乏的環境。結婚後她接連生了四個孩子，如母親一般到處在工廠、市場打工賺錢，「那時真的很可憐，丈夫又不養孩子。」往事讓人嘴裡發澀，藍奶奶抹了抹臉，不想再多說。

後來離婚，孩子留給了丈夫。伯伯是她的第二段婚姻，這一次顯然幸福許多，「他對我很好，很照顧我。」兩個人沒再有孩子，喜歡用廣東話溝通，互相作伴。

退伍軍人的福利門檻比一般社福來得寬鬆，伯伯六十一歲後向退輔會申請了就養金，再加上藍奶奶看護工作的收入，扣掉伯伯承租的出租國宅房租，兩人生活都還過得去。

二〇〇三年「嚴重急性呼吸系統綜合症」（ＳＡＲＳ）在臺灣爆發，藍奶奶住的那處國宅遭謠傳有人染疫，一百一十八戶、三百一十九個住民全被召回，居家隔離四天，社區封街安靜地與世隔絕。

藍奶奶和伯伯兩個人在屋裡大眼瞪小眼。彼時七十多歲的伯伯身體還硬朗，彼此看膩時，一個在客廳待著，一個躲房間獨處，外頭風聲鶴唳，閉塞的屋裡，時光倒是一下便熬過去。「新冠肺炎比那次還緊張多了。」藍奶奶笑了笑。

七、八年前伯伯身體機能開始衰退，兩人原本租的房間在四樓，年過八十歲的伯伯下不了樓，快七十歲的藍奶奶也幹不了看護工作了，他們申請換到國宅社區另一處一樓住宅。一樓的房型有兩個小房間，方正的客廳和後陽臺，生活空間對兩老來說尚且寬敞，但房間到浴室這幾公尺的距離對兩老而言是個難以跨越的鴻溝，沿路遭遇雜物等屏障阻隔。

生活起居漸漸集中到客廳的一張單人床上，床沿有扶手，床尾有尿布，尿布旁是塞滿垃圾的塑膠袋，掛在層架裡是沖泡飲品等好入口的食物。生活空間縮小到客廳單人床為圓心所圍成的圈裡，「伯伯就睡這裡。」藍奶奶拍拍床墊。兩個房間幾乎沒在使用，拿來擺放家具電器，門外也漸漸被櫃子、衣物堵住，連門都只能開個小縫。

下床永遠是最難的事。伯伯需要下床時，藍奶奶得先讓自己站起來，環抱住伯伯後，雙腳一蹬用力撐起伯伯的身體，再讓伯伯大半的重量壓在自己身上，拉扯起伯伯的身體，緊緊相擁才完成得了這一任務。「照顧久了我腿都受傷，現在都是痛的。」痀僂背上有兩個人的重量。好在社工幫伯伯申請了居服員來幫忙洗澡，免了藍奶奶另一項挑戰。

搬到一樓的房子後，伯伯開始出現失智的症狀，「都是外面那些人抽菸害的，他們整天坐在那裡聊天、抽菸，吵個沒完，我叫里長，里長也不管。」藍奶奶對著後陽臺放開聲量，埋怨起坐在外頭的鄰居，「他們欺負我們家沒有年輕人。」

阿雪阿嬤的老伴，早在二十多年前去世了。少了老老照顧的包袱，在老齡貧窮身上，或許是一種幸運。

阿雪阿嬤和老公是同庄頭的人。庄子裡遍地是農田，兩人二十幾歲結婚後一起務農，再後來阿雪阿嬤也去村裡附近的合成版工廠做工。

阿雪阿嬤的老公過世時才六十多歲，「高血壓，臉都黑了。送去醫院，隔天就送回來。那時醫術沒這麼好，說沒救了，送回家裡。」阿雪阿嬤頓了頓，「也很難說啦，萬一當時開刀結果變植物人，我要顧著他，也是難過。」

阿雪阿嬤那落三合院的另一側住著她的大伯，「大伯的太太躺在床上十五年了，植物人。」鄰居說阿雪阿嬤命好，鄰居朝右側廂房抬了抬下巴，示意大伯的居所。那側的房裡安安靜靜，人生的位置安在一張床上。

阿雪阿嬤丈夫過世沒多久，阿雪阿嬤也離開合成版工廠，「身體不好，心臟也有問題啦，沒辦法做了。」她無力下田，田地就交給大伯一家去耕作，這幾年才又交還給阿雪阿嬤去出租，「租金一年也不過八、九千，一分地而已，租不了多少。」

阿雪阿嬤二個孩子早各自成家，搬離農村，三合院的這一隅只剩阿雪阿嬤一個人，比起孩子，更常出現在阿雪阿嬤家的是村裡的老人關懷志工。說是志工，其實也是阿雪阿嬤的左鄰右舍，志工和阿雪阿嬤女兒差不多年紀，熟知村裡每戶每家的瑣事，一週來一天，能和阿雪阿嬤聊著往日，聊著村里的人。

偶爾孩子會回來看看她，只是鮮少給阿雪阿嬤生活費，「他們也有自己家庭要養，也是辛苦。」阿雪阿嬤用手抹了抹臉。會來照看獨居老人的社工說以前觀念是「養兒防老」，現在是「養老防兒」，「小孩能負擔自己的生活，不要啃老就不錯了。」

雁秋倒是貨真價實的孑然一身，她離婚三十年，「無兒無女，沒有緣分，就自己過。」她看得瀟灑，說哪天人走的時候房間收拾得乾乾淨淨就好，「有朋友慫恿我先買個塔位，說他知道有處塔位風景好。我說就算是富貴人家買了個塔位，萬一土石流沖掉了，那也是早知今日何必當初。我無兒無女不用人家拜，燒一燒撒在花壇樹下也就完了。」

算起來雁秋稱得上是第一代的陸配。她的老家在浙江，但雁秋從沒去過。她父母很早就離鄉了，逐工廠而居，雁秋也跟著到處流轉，一家人最後在廣州落腳，「要我自己去，根本找不到老家在哪。」

八〇年代末，臺灣開放赴中國探親，雁秋的鄰居介紹了到中國探親的臺灣親戚給她認識，後來兩人結了婚。當年還未開放陸配來臺，許多兩岸通婚的家庭得往返海峽之間維繫婚姻，雁秋也是這樣。

直到一九九一年，行政院大陸委員會因應現實需要，才終於改變立場，原則同意符合一定條件的大陸配偶可申請來臺定居，隔年元旦正式上路。

開放之初走的是配額制，一九九二年第一波釋出的申請名額只有兩百四十個。元旦隔天，一月二日上班日是個標準的臺北冬日，飄著冷雨，像要鑽入骨髓那樣的寒。委辦陸配申請來臺業務的大陸災胞援助總會（後更名為中華救助總會）大樓外卻早有十幾個民眾漏夜排隊，炙熱地等著要把媳婦接過來。

雁秋的丈夫是職業軍人，雁秋搬到臺灣後，隨丈夫住在改建過的眷村，在朋友開的貿易公司打工。「那時我還沒拿到臺灣身分證，沒辦法去銀行開戶，所以領的薪水都存我老公那邊。」幾個月後雁秋發現丈夫把她的薪水全不知花去哪了，「我心裡想說這人怎麼這樣呢，錢存在你那兒，你不知道偷偷花去哪了，也不跟我說。」雁秋嚷了起來，語氣裡透露著埋怨，金錢觀念成了分手的導火線，兩人最終分開。離婚多年，談起這段往事她還是心裡有氣，一個人以後她重新感覺到什麼事都掌握在自己手中的自由。

離婚後雁秋一直獨身，搬離眷村，自己租個小套房。獨身久了，她想著一個人的老後，總不能永遠租房子，她從有工作起便攢錢預備買房，只是看來看去好不容易有鐘意的，卻碰上二〇〇八年金融海嘯，銀行放貸顯得謹慎，雁秋手頭上的現金又不夠，只能另尋標的。

房仲帶她到靠近萬華梧州街，一棟十幾層的住商混合大樓看房。大樓裡每層隔了十戶以上，多是一室一衛浴的小套房，房裡對著馬路，有成排的窗，白日裡不用開燈，也是滿室透亮。雁秋看了覺得喜歡，馬上付了訂金。

哪知道晚上再來看一眼，樓下站了不少阻街女郎，對街則是一排嫖客，兩邊對上眼就往大樓最頂層的賓館去。「我妹妹和她女兒跟我一起來看，還有嫖客跑來拉著我外甥女的手。嚇得我趕緊打電話給房仲說要退訂。」

「當時我就不想買了，仲介不願退訂金，還想再勸我。有天還追到我跟我閨密喝下午茶的地方。」雁秋只好推說現金不夠，不買了，想讓房仲打退堂鼓。沒想到雁秋的閨密自作主張開口要仲介減個價，仲介滿口答應，事情就這麼定了，「我跟我閨密說妳怎麼這樣，我就是不想買了妳還自己給我出主意。後來那房仲興奮得半夜還打來跟我說『賀成交』，感覺他也很缺業績。」雁秋苦笑。

雁秋最後以一百多萬買下小套房，本來住得有些戰戰兢兢，後來樓上賓館遭人檢舉「做黑的」，遭臺北市政府拆除，性交易的事才少了。

她不只買房，還買了不少保單。九〇年代起中國便開始發展「五險一金」的勞工保險制度，退休勞工能按月領回一筆退休金，作為老年的生活費。雁秋嫁來臺灣以後發現，「臺灣當時還沒有這種月領的退休金。沒月退我心裡就沒底。」雁秋想著該為自己的老後多做點打算。

「有天我們辦公室一個女生，說她男朋友幫她買了張一百萬的保單，退休以後可以領回來。」這話題燃起大家的興致，辦公室的人全聚到那女孩身邊，嘰嘰喳喳地討論起這類退休保單該怎麼買，「我們用計算機按了按，覺得這一百萬應該拆成十張十萬的保單，分散在每個月，這樣退休以後才能每個月領一張保單的錢。」

那天午休雁秋不和其他人一起吃午餐，她獨個跑到辦公室附近的保險公司，「我就看哪裡還有人待在辦公室沒去吃午飯的，我就敲玻璃門進去，說要買保單——保險業務員高興得很，難得遇到自己上門來買保險的。」

雁秋盤算著趁年輕買幾張保單幫自己存老後的月退俸。每月不到三萬的薪水，有近二分之一全花在保單上頭。「但那時薪水也不高，買的都是最低額度啦。」她也買進醫療險，免得冷不防哪天因病而窮。

二〇一六年左右，雁秋退休。三萬出頭的薪資，按月領回的勞保老年年金給付僅一萬零六百元，低於平均值。且退休前，雁秋的保單早已逐個解約，「我爸住院，我回中國去看他。每次回去都花一大筆錢，就拿保單來貸款。」保單貸款、清償、再貸款，循環了幾次，雁秋思忖著繼續繳保費，也是一筆支出，萬一退休後沒了薪水收入，卻還得一直繳保費，反而負擔太重，不如解約後領回一筆錢，身上有現金也安神些。

「一開始也覺得捨不得，都繳了這麼久。但後來想想，買保單本來就是為了老年生活，那我現在需要錢，當然就是解約換現金。」

此後勞保每個月一萬出頭的老年年金給付成了雁秋主要的生活費，扣掉水電、瓦斯等基本開銷，剩下的幾千塊得撐過一個月，「有時就去黃昏市場，揀那種一籃子四十元的菜來買。」日常開銷不算大宗支出：「我這年紀，吃也吃不了、喝也喝不了，花不了什麼錢，就是醫療支出占最重。」

雁秋細數身上的病痛：「我這手都是麻的，像觸電一樣，醫生說是神經壓迫，要開刀。還有我爸是高血壓這毛病走的，我也遺傳這問題。」雁秋不敢開刀，怕開刀有個萬一，出事以後躺在床上誰來照顧。她只靠著一個禮拜去復健好幾次，讓腰椎舒服些。她還有慢性病得固定回診，每次去大醫院看診，身上若沒幾張千元大鈔，雁秋根本不敢掛號。常常還沒月底，戶頭已經空了，只能先預支下個月的錢。「醫生還要我多吃營養品，我也只能笑著點頭——營養品都要錢啊，而且還不便宜呢。」

雁秋精打細算地過著小日子，朋友知道了，問她要不試試看申請福利身分，如果通過了，按月可以領到一筆補助，醫療也有減免，負擔會輕一些。

雁秋剛過六十五歲就去申請低收，還真過了。

社福資格的門檻是一列清單，每一個項目從無到有，細數一個人擁有的：不動產、親眷、退休金……清單看守著社福資格的大門，逐條檢視一個人的「匱乏」是否足以轉換成資源。

孤家寡人此時成了最大的紅利。超過六十五歲的雁秋早不列計在勞動人口，加上離婚多年又無子女，沒有扶養人會被算在家戶所得中。她的老房子當初只買了一百多萬，資產算一算低於臺北市低收入戶門檻，清單裡的每一項都可以勾個「無」。天時地利人和，雁秋順利通過申請資格，拿到低收入戶身分。

阿雪阿嬤比起雁秋，首先是少了「地利」這條件。阿雪阿嬤的收入早遠低於最低生活費，但阿雪阿嬤除了老人年金以外，沒有其他社福資源可用。曾經村里長也想幫阿雪阿嬤申請看看福利身分，但阿雪阿嬤繼承了三合院的一部分產權，還有一畝薄田、兩個孩子掛著名義上的扶養人，光是這一點就足夠把她拒於社福之外。

「只要擁有房子和土地，就會被列計為財產。」常來看阿雪阿嬤的社工也頗為無奈，二〇二〇年底，全臺平均老化指數[1]一二七．八，而嘉義縣高達二二六．〇五，是臺灣老化指數最高的地方。同時嘉義縣也是自有住宅比例最高的區域，二〇二〇年嘉義縣自有住宅比例百分之九十一．三九，相較之下，全臺自有住宅比例平均為百分之八十四．六八。這數據顯示，在嘉義縣裡擁有自宅的高齡者比例不低，而住在頹圮祖厝的高齡者，僅僅擁有祖厝的部分產權，卻因為這賣不了也沒人會買的祖厝價值超過社福標準，因此老人家怎麼也申請不到低收身分，成了最弱勢的「邊緣戶」。

主計總處統計指出，二〇二三年高齡獨居住宅數有五十七萬多戶，與十年前相比，增幅將近百分之百；其中女性獨居老人高達二萬五千人。但老屋、老人，因為政策的門檻而被排除在

1 「老化指數」為六十五歲以上人口對比零到十四歲幼年人口的比例，嘉義縣老化指數遠超過全臺平均，反應老化嚴重。

社會福利之外。西部沿海非都會區的地方民代不時就會收到這樣的陳情狀：臨海的祖厝因為飄沙，半間房都被掩在沙堆裡，只露出了屋頂，一家人卻因擁有這間房而申請不了社福資格。

阿雪阿嬤同村的另一頭，和她差不多年紀的老郭就幸運多了。老郭雖也是住在兄弟姊妹共同持分的祖厝裡，但老郭早被長輩剔除在繼承名單外，祖厝沒他的份。也因為沒持分，少了不動產這一條，老郭順利申請到低收身分，還享有各種醫療補貼。有陣子老郭身體不好，社工安排他進養護機構休養幾個月，費用都有政府補助。

老郭已有失智傾向，同居的女友有次帶老郭出門採買日用品，把老郭放在熟識的店鋪裡，獨自轉去其他店家買東西。回來時發現老郭自己一人走出店鋪不知去向，嚇得女友騎著車在庄頭裡到處尋人，終於找到說要自己回家，但已迷失方向的老郭。

對於現況，阿雪阿嬤沒有太多埋怨或期待，「無夠用，就省省啊過，無是欲按怎。」她早學會用一種持之以恆的頓悟來面對制度的死胡同和生活上的起伏。

而藍奶奶才剛踏入這一福利制度裡的迷宮。農曆年前，伯伯住院了。伯伯早在家跌倒好幾次，藍奶奶扶不動伯伯，兩老躺在地上掙扎，最後只得叫救護車，請救護人員幫忙扶起伯伯。但農曆年前的跌倒，已不是扶起來就完事的程度，送醫院後，醫生發現伯伯還有其他病況，包括消化系統內有息肉，「但伯伯年紀太大了，九十幾歲了。醫生不建議開刀。」

住院一住就是幾個月，春假都過完了伯伯還沒出來，那是新冠肺炎疫情仍肆虐的日子，入院陪病不易，加上藍奶奶自己的身體支撐不了住家到醫院這麼一段距離，藍奶奶始終沒去醫院探望伯伯，只守著電話等消息。

不用照顧伯伯的日子讓她難得感覺輕鬆，她養了一隻虎斑貓取名皮皮，不到一歲的皮皮已經有成貓的身量，喜歡窩在伯伯的枕頭上假寐，或盤據在客廳那臺上世紀的映像管電視上頭替藍奶奶瞪著陽臺外那夥喧譁不止的鄰居。「牠很乖，還會抓老鼠，我們陽臺這邊都沒有老鼠了。」藍奶奶很滿意皮皮的陪伴，即便客廳有濃厚的貓尿味，但這也是最沒負擔的一種關係，一貓一人彼此撫慰，沒有相互拖累。

醫院建議把伯伯送往榮民之家，但這建議讓藍奶奶胃一沉，「現在房租都是伯伯（的就養金）在繳，他去榮家那我自己怎麼繳房租？」她甚至不知道會不會伯伯去了榮家，她就得搬離這處公共住宅，自己到民間租屋市場尋屋。對未來的不安揪著她不放，她弓著背，拄著傘，一步步走訪各社福組織，想知道她還有什麼路可走。

有人勸她申請福利身分。但一進入福利申請的審核，藍奶奶就得面臨最尷尬的處境：她和前夫所生的幾個孩子全都會被列計在家戶所得裡，即便這些孩子根本不在臺灣，甚至無從得知他們的實際收入，但以血親為單位所劃定的義務扶養人範疇，牢牢把藍奶奶和海外的孩子們捆在一塊。

而藍奶奶也不可能像阿健一樣，透過請求扶養費的訴訟來解決這件事。知道藍奶奶情況的社工都是兩手一攤，「我也不可能回馬來西亞，孩子都各自有家庭了，生活也不好過。」藍奶奶盤坐在客廳那塊紙板上，腦袋發脹邊嘆氣邊拍著大腿，「我這年紀，沒用了啦。」

雁秋有時會想自己好像窮得只剩房子，「如果當年沒買下這間房子，勞保也申請一次領，用完就沒了。現在說不定低收入戶的補助還高一些。」但這也都只是雁秋的猜想罷了。她現在的低收補助，一個月有一萬七千多元，恰恰超過平均最低生活費一些。「最好的是看病有補助，省了很多。」她考慮過「以房養老」政策，想著把房租抵押給銀行，領每個月固定生活費。但又擔心會影響低收資格，「低收身分看病才有減免，還是實在很多。」

生活當然不夠用，但她知道自己跟很多人比已經好得多了，至少不用為了租屋發愁。「反正每個月就這麼些錢，那我就清心寡欲地過。」

還沒中午，幫阿雪阿嬤煮飯的居服員早早便準備好飯菜，地瓜葉、番茄炒蛋就擱在靠近廚房的方桌上。沒多久螞蟻爬上了盤，阿雪阿嬤費力地從矮凳上站起身，她個頭不高，站立的身長和坐著時差不了多少。阿雪阿嬤弓著腰撥開盤子邊上的螞蟻，再扶著桌緣緩緩坐下，繼續和來訪的志工叨叨絮絮說些鄉里的事。

二〇二〇年開始，嘉義縣的老人年金從三千六百二十八元調整為三千七百七十二元，「多了一百多喔。」阿雪阿嬤的日常裡難得有讓人欣喜的事，這一百多塊，讓她樂了好幾日。她語音上揚，掩不住快樂。

一樓兩房一廳的室內只有窗戶的邊緣透著光，藍奶奶還守在電話旁。她想，現在這懸而未定的狀況或許是最好的一種，伯伯還在醫院，人還在，每個月就還有薄薄的就養金可以用來付房租。她一個人待在房裡時幾乎不開燈，臥躺在黑暗中計算著生活的成本，把一餐飯熬成兩頓，用簽字筆將每個社工的電話寫在便當店名片的背面，夾在電視機下方最唾手可得之處。

貧窮和無望明明白白地擺在眼前，但這八十歲的老婦人拒絕讓世界對她別過臉，她仍天天掙扎起身，拄著傘一步一步摸索著方向，花上大半天到里長家、到社福單位去轉轉，逢人就問：

「你能幫幫我嗎？」

女人的社群像個祕密結社，彼此心照不宣的互助合作，將生活裡能撿拾到的碎片一點一點縫補成網，攏絡起分崩的日常。寂靜的男性和強韌的女性似是一種對比，尤其在老齡與貧窮兩個命題下特別突出，許多高齡研究都發現，高齡女性的社會支持較男性來得高。遇上難題，女人們會把生存的技能全使上，但男性卻是極少開口求助的一群，讓生活砲彈四起，直到狀況惡劣至極或是死亡，才會被發現。

攝影：呂苡榕

第七章 女人，及沒有女人的男人們

春桃習慣五點左右起身。丈夫有時比她還早醒，就著破曉前的黑暗，爬下床後匆匆摸索到屋外鐵皮搭的廁所用冷水洗把臉，接著趕出門去做板模。離婚後住在老家的大兒子也是板模工，偶爾父子倆天未光便一齊踏著靛色的薄暮離家，沿著西部沿海南北向的幹道逐工地而行。

父子倆沒有上工時，春桃就是全家第一個清醒的。幾間臥室塞在客廳兩側，房間小，春桃雙腳一落下床，起身跨一步便步出了房門。小孩房裡塞著上下鋪，只剩窄窄的走道，靠牆的一邊釘了木板，權作是書桌，孫子在家遠距上課時，從三合院的院子就能望見客廳邊上的臥房口，幾個小腦袋就著木板桌聽課。春桃其中一個孫女暑假兼差做串珠，材料包塞在床邊，房裡幾乎沒空間走路。

臥室的地板是水泥地，全家裡唯一有鋪地磚的只有客廳。春桃走到客廳裡，不疾不徐地在腦袋裡盤算要做的事，擬出順序步驟。她先走進三合院的院子伸展下身子，洗好的衣服就晾在牆邊，接著轉進隔壁另一間屋。那是廚房，地板一樣只有灰泥色的水泥鋪面，房子裡全以實用性為優先，流理檯、冰箱和一個六人坐的大圓桌塞滿了廚房，沒有多餘的擺設。

再現身時，春桃手捧著一鋁製臉盆，盆裡裝了飼料。雞舍搭在鐵皮廁所旁，籠裡擠滿自家養的肉雞，見著春桃，已按耐不住躁動，雞爪和尖喙摩擦鐵籠欄杆喀啦作響。飼料入槽，籠內才靜默，只剩羽毛摩擦的窸窣。

餵完了雞接著是餵貓，廚房外的牆邊擺了三隻碗，春桃往碗裡裝了點剩飯菜，「養貓好。只要飼料和飯就可以。」幾隻虎斑不著痕跡地鑽過三合院邊側的竹籬笆，埋頭吃了幾口飯菜，又抬頭警戒地四下張望。貓碗旁一個鐵籠，裡頭是大兒子養的兔子。

時間還早，春桃盯著雞舍出神，一手摸了摸俐落短髮。前一天她抓了隻雞拿去鄰村請人宰殺，預備把雞寄給嫁到臺北的女兒。「自己養的比較健康，沒有亂打藥。」春桃的四個孩子裡，兩個女兒已嫁到臺北，大兒子在家，二兒子遠在高雄工作，十個孫子中，四個內孫全放在這鹽分地帶的老家由她照料。手上這麼多活、家裡這麼多張口，春桃仍把庶務打理得一絲不苟。

這裡是全臺最西端的城鎮，也是最窮的鄉鎮，地勢低窪，一遇颱風便做大水。清朝時期就曾因颱風遇漲潮，倒灌的大水導致沿岸庄頭死傷慘重，九個庄頭有兩個沒入水中，一個盡成廢墟。大水褪去後屍橫遍地，那一夜被當地人稱為「湖內洗港」。災後六年，移居他地的人沒忘記因水患而死的上千條性命，籌措款項築廟作為祭祀祠堂，隔年開始找道士作法請尊神，接引因水難而死的亡魂上岸接受超渡。

三十年前，另一個颱風讓這片沿海地帶再度海水倒灌，春桃一家連夜趕著躲去大廟的頂樓避難。農田泡了海水，成了不利耕作區，田地幾乎荒廢。有些人家把農田闢成魚塭，養虱目魚或蝦。收穫好的，改建了老家成新式樓房。但這裡依然是全臺最窮的鄉鎮。

春桃在這裡生活大半輩子。坐在三合院的院子裡，她和我聊起童年往事，童年沒什麼開心回憶，充滿了海水和鹽巴。她說小時候家裡長輩偏心，她是長女，有幹不完的活，上學前要先到農地幫收稻，「天還沒亮開始做，做到太陽出來收工。」村子靠海，戶戶都養蚵仔，小孩也總是幫忙下海收蚵仔，「從家裡一路用走的，走到海邊。」到底得走多遠，春桃也記不清，只記得就是徑直往海邊走去就對。

彼時沒什麼水中作業裝備，小女孩赤手空拳往海裡走，腳沒踩穩，嗆進幾口苦鹹的海水，穩住身子還得再繼續走。直到收完纏在繩上的蚵仔，回返上岸後才有一口水喝。採收蚵仔得倒退著走回海岸，蚵殼鋒利，一不注意就是滿腳的傷。「我一個叔叔後腳跟被割掉一大塊肉。」春桃朝著自己後腳跟比劃著。童年早早就結束，只記得故鄉裡沒完沒了的勞動。

她從隔壁村嫁來這裡超過四十年，家裡沒有田產，她幫人下田、和丈夫一起做板模，她沒有童年，更沒有蜜月，「剛嫁過來第七天就到田裡工作。」四個孩子陸續出生後，尿布、奶粉……每天都是花費，但板模的工作卻變少，周圍田地又因為海水倒灌，無法再耕作。只能跑到更遠的工地、把工時拉得更長，才夠過活。

「沒錢最苦。」春桃坐在倚著三合院院牆的塑膠椅上，面無表情盯著那鐵皮搭的浴廁。丈夫和她同年，七十歲了，一輩子都在工作，都在攢錢。低矮的三合院沒錢改建，只能翻修幾處地板，外觀則大抵維持過往的模樣。

春桃收束起望著雞籠的目光，低頭拿起手機撥了外孫女的號碼，交代起雞肉可能抵達的時間，要外孫女記得收貨。講完了正事，春桃叨念起外孫女一把年紀還不嫁人，語氣三分責備七分寵溺，笑罵孫女等著當老姑婆，以後住姑娘廟。掛上電話，春桃喃喃：「我自己當媽、當阿嬤後，男孩女孩都不偏心啦。」

瑣事告一段落，春桃拎起一塑膠水桶往機車腳踏墊一放，再跨上機車。她準備去隔壁村買菜，三合院外是一條沒有柏油鋪面的縣道，大雨過後路面坑疤，縣道兩側一眼望盡的房舍，就是整個村落，一半是改成新式水泥樓房，一半則是和春桃家一般的磚房加鐵皮搭成的三合院。村里只有幾家雜貨店，便利商店、超市和市場都得去隔壁村才有。

離開阿雪阿嬤住的嘉義村莊時，我想著村莊裡的女人們，和我在街頭上碰見的男人們。女性的職涯年限容易因為步入婚姻或是生養小孩而中斷，因此在統計上，老齡貧窮的狀況比男性更顯著。貧窮風險高，但許多女性的生活穩定度卻不見得較差。

貧窮狀態下的男人們，個人的資源網絡，大多是各自單向地連結在社工、老張哥這類中介者，或工頭身上。彼此間雖也會介紹工作，或是聚在一起吃飯抽菸，但人際網絡裡，「社交」的成分仍占多數；可換做女人間，就隱隱然有些特別的東西。女性表面看似各自與家庭或伴侶連結在一塊，不過走出家門後，女性間彼此能透過參與公共事務來發展出橫向的人際網絡。像是在阿雪阿嬤的村莊裡，女性志工每週固定前往獨居老人家中訪視。那不只是純然的志工活動，或關懷社區獨老而已，而是在出入各戶人家間，穿針引線地織起一張安全網。

老年女性比起男性，更樂意透過志工活動來參與社區事務。在國民健康署二〇一九年公布的《中老年身心社會生活狀況長期追蹤調查》成果報告裡，針對四千多位五十四歲以上中高齡的樣本進行研究，結果顯示雖然男性參與公共事務或政治性活動——例如陳情、連署等——的比例較女性高，但中高齡女性的社會參與程度卻勝於男性。

像是二〇一八整年女性有百分之十五．二的比例參加了老人會、聯誼社團活動，高於男性的百分之十二．八；而百分之九．二的女性每週至少一次在機構內擔任志工，男性則只有百分之四．六。且每個年齡階層中，女性的參與度皆高於男性。

志願服務被定義為「生產性活動」，能減輕負面情緒，增加生活滿意度。且不只能增加社會支持，還讓人發展出新的社會角色。而女性志工編織出的安全網，還形成了一個類似公民空間的狀態，參與其間的女人們相互陪伴、傳遞資源，支持著彼此。多重的支持體系，也讓女性雖然落入貧窮的機率較男性大，但仍有機會維持生活的穩定。

春桃居住的城鎮，地處偏鄉，高齡化嚴重。幾年前社區發展協會的工作人員寫了計畫，申請辦理長青共餐食堂，讓超過六十五歲的老人家一餐只需要付二十五塊錢，就能到食堂共餐，增加社會互動的機率，也讓協會掌握每個人的健康狀況。

共餐食堂的廚房就設在鎮裡大廟旁的活動中心，村幹事的老婆找春桃去當志工，幫忙食堂煮飯。除了七十歲的春桃，另一個志工是八十歲、老公剛過世的阿娥。而四十出頭，本來做看護，後來嫁到當地的印尼籍女性麗水，則是唯一有給職的廚工。

我好奇貧窮生活下，女性網絡裡隱而不顯的互助機制如何運作。酷暑時節，我住進這個最西端和最窮苦的城鎮，參與共餐食堂的運作，試著觀察女性生活互動的蛛絲馬跡，分辨不同性別在其中形成的差異。

我還在狐疑塑膠水桶的用處時，就看到春桃先把機車停在國小門口，提起塑膠水桶徑直往校門裡走。水桶是拿來裝廚餘的，廚餘則是拿來餵狗。因為非洲豬瘟的緣故，「現在廚餘禁止餵豬了。廚餘沒地方處理，學校只好問說有沒有人要收。」問到春桃這兒來，春桃本來拒絕，「我又沒養牲畜。」但她想起村裡的好友、村幹事的老婆有養狗，會用廚餘餵狗，春桃想著乾脆幫她把學校廚餘收集起來當飼料便答應了。

一早出門時，春桃便將水桶擺進校園，過午再來領回，傍晚村幹事的老婆固定會到春桃家閒話一陣，也順便帶走廚餘桶。

擺完了水桶，春桃跨上機車繼續往前。隔壁村的市場距離春桃家大約十分鐘的車程，路旁有幾家做烏魚子的食品加工廠，廠區內養著狗，見人車通過，邊吠叫邊往工廠大門口衝，儼然護衛一般。春桃熟門熟路地先鑽進巷子裡，停在一戶人家門口探頭詢問自製醃菜還有沒有做，一老婦人走近門口搖了搖頭，春桃繼續騎車前行，到了橫豎交錯在兩條馬路上的市場。

來市場前，春桃已在腦內演練過一遍採買路徑，她先是去肉攤買了雞腿，再繞去對面早點攤位幫孫子們買早餐，最後到了漁鋪那兒買海鮮。市場裡的女人們都做相似的裝扮，手臂上套著花布袖套，頭上戴著斗笠，帽簷下的臉還用一層花布頭套罩住半張臉，只露出一雙眼，熱絡地閒話家常。我還在左顧右盼，沒注意春桃已經按著她腦袋裡的節奏開始採買，淹沒在花布衣衫的人潮裡。

肉攤的老闆娘和春桃聊起最近慣用手的手腕劇痛，去診所看醫生，「還打了類固醇。」邊說邊指示兒子幫春桃把雞骨剔掉；春桃則是笑著跟老闆娘埋怨，「最近暑假我孫子回來，還要忙他們的事，煩死了啦。」老闆娘附和著笑說暑假鄉下才有小孩在，熱鬧多了。春桃接著向肉攤老闆娘問起家裡人的近況，互換了些生活瑣事。一言一語地閒聊。一旁處理雞腿的兒子沉默地揮動菜刀，偶爾轉頭看著幾個女人熱絡的模樣，嘴脣動了動，但總沒發出聲。

馬路交叉口附近的漁鋪，老闆是三姊妹，三人也是同一裝束，斗笠、頭巾和袖套，只露出一雙眼。當家的大姊正在和電話裡的顧客道歉，本來約好送去的漁貨被兒子載去他處，大姊趕緊賠罪並允諾晚一點親送，還附贈其他賠禮。春桃問了另二位姊妹：「蚵仔新鮮嗎？」二姊妹異口同聲稱是，春桃一臉狐疑，其中一位朝大姊方向抬抬下巴：「不然你問我姊。」大姊轉頭粗聲對著春桃大喊：「保證新鮮啦。」順手又多塞了一包蚵仔進春桃的購物袋裡。

旁邊賣菜的攤子周邊鋪了一地摘掉的白菜爛葉。老闆娘沒有一句問話，隨手遞了只塑膠袋給攤位前的婦人，婦人撈起地上的葉子往袋裡塞，「帶回去餵鴨子。」婦人抬頭跟我解釋，同樣花布頭套遮了大半張臉，一雙眼裡有笑：「鄉下都這樣啦，有什麼可以用都不要浪費。」

不到半小時，幾袋食材在機車腳踏板上安放妥當，春桃拉了拉袖套，嚴實地包裹好臂膀，催了油門便沿縣道返回。

機車先是路過家門口的三合院，再繼續直行，橫切過省道，往海邊方向走去——是春桃小時候收蚵仔的方向。一會兒看到路邊的理髮店，再急轉彎進入大廟廟埕，最後將車停在大廟旁的活動中心前一處車棚下。

理髮店也是幢三合院建築，春桃的機車行經店門口，兩、三坪大的店面，從門口便能一眼望穿。店裡只有一張美髮椅、一面釘在牆上的半身鏡，後門連著老闆娘花姨的起居空間，三合院落裡堆了好幾座小山般的蚵仔殼。另一半的房舍頹圮，無人居住。

花姨拿著小刀，鎮守要塞般地站在門口。她等的並不是徹夜未歸的丈夫，是送蚵仔來的盤商。剛到鎮裡的第一天，我路過理髮店門前，便看見花姨在剖蚵仔，隨手拉了張旁邊的椅子坐下跟她閒聊。「我本是在幫人家燙頭髮的啦，但是村裡多是老人，老人比較不會燙頭髮，頂多修一修。現在就沒什麼生意啦。」花姨口氣裡只有雲淡風輕，生活裡有苦難言，但農村裡的女人總能找到各種營生來補貼家用，一樣不夠，那就四處找人打聽，再兼著兩份、三份的差。閒聊時花姨養的種鴨正從院裡踱出來，白色鴨子伸長了脖子約有半個人身高，預備要開始晨間散步。

花姨孩子都在外地工作，逢年過節才回來。丈夫一早已去顧魚塭，有時擔心水質、水溫變化大，魚會一夜翻肚，索性就睡在魚塭旁的工寮沒回家。

她也是鄰近村莊嫁過來的，小時候家裡養蚵仔，左鄰右舍都養蚵。一家六個兄弟姊妹，人人都會剖蚵仔殼，「也不知道怎麼學會的，反正每個人都要會（剖蚵仔殼）啦。」花姨長大一點後去學美髮美容，年輕時也曾到北部打拚一陣，村裡人介紹，二十歲嫁回這沿海地區，四十幾年過去，在這高齡小鎮，美髮手藝不足維生。孩童時閉著眼都能做的剖蚵殼，如今再度派上用場。

理髮店沒生意時，花姨就拉著個板凳坐在門口，將蚵仔倒在矮桌上，雙手套上兩層粗布手套，一手持刀、一手握蚵，手腕輕轉，一個勢頭便毫不費力地將銳利如鎧甲的蚵殼分成兩半，再一迴旋，小刀剜下圓潤蚵仔，咚一聲落入水盆。剜下的蚵仔秤斤計價，「現在天氣熱，蚵仔長得肥，價格好。」有時一坐便是一下午，帶鹹味的腥甜在屋前蔓延，幾隻蒼蠅縈繞不去。日頭從一邊落到另一邊，時間的重量像盛滿蚵仔的水盆，邊緣落著水珠。

花姨理髮店的後門看出去，便是村長辦公室，最近搭起一座靈堂。是村長的父親剛過世。靈堂和三合院一側的頹圮圍牆相對望，靈堂外擺滿了罐頭塔，雜貨店送貨的機車彎進靈堂前，迅速將踏墊上的幾箱啤酒卸下，匆匆催了油門走了。幾個村裡的男子大約過午後會來靈堂旁和村長有一搭沒一搭地閒聊，一路喝酒到傍晚。

採買一趟回到活動中心，已差不多是該料理食材的時辰。春桃的孫子頂著亂髮來活動中心領早餐，接著是阿娥戴著頭巾，牽著腳踏車出現，腳踏車後方綁著一疊紙箱，是她沿路看到有人棄置，便順手撿起來——有的村民知道阿娥會收，也會特地留給她——晚一點可以拿去變賣。

這幾年三個廚娘操持著廚房，也漸漸自有一套運作邏輯。春桃負責食材的採買，切塊、洗滌，阿娥則是去蕪存菁，削皮、摘葉，粗重的煎、炒交給麗水掌勺。

阿娥停妥腳踏車，一語不發地翻揀起塑膠袋裡的食材，挑出幾根白蘿蔔，遞給我讓我削皮。這真是所託非人了，我一邊和阿娥閒聊，一邊緩慢地削下白蘿蔔的外皮，深怕削到自己的手指。

「上面葉子怎麼沒削掉？」阿娥皺眉看著我。

「這個要切掉啊？」我盯著白蘿蔔頭上幾根葉子發愣。

阿娥有些看不過去，接過我手上的白蘿蔔，手起刀落切掉頭上的葉，再唰地兩、三下把粗糙外皮給削下。接著轉頭料理番茄，阿娥把番茄丟進熱水，一邊跟我講解：「泡熱水汆燙，方便去皮。」

我來小鎮前三個月，阿娥剛經歷丈夫過世。「年歲大啊，破病倒落。嘛沒法度啦。」躺了幾週，人便走了。我常聽社工提起：失去女人的男人們容易在幾年內跟著離世，但老公沒了的女人，總能找到方法鞏固社會關係網絡，讓生活繼續過，甚至過得更好。阿娥說她老公走後，她照常來食堂當志工，伴侶死亡在她生命裡掀起一陣波瀾，但也很快平復。

削掉的瓜果皮被裝進同一個塑膠袋裡，無聲地擺在春桃機車腳踏板上，「彼个乎伊提轉去。」阿娥用沒被頭巾遮住的一雙眼向春桃的方向望了望。鄉村裡的女人幾乎是零廢棄生活實踐者，廚餘能做堆肥、能餵豬餵狗，紙箱空罐回收後又是一筆收入，換算下來也是好幾天的食堂餐費；爛掉的菜葉一大把捧回家餵鴨餵鵝，鴨鵝肥美，或生卵後，又是另一筆買賣。阿娥沒問過春桃究竟是要拿果皮做堆肥，還是餵雞鴨，只知道春桃會收集這些菜葉果皮，久了兩人間也有了默契，阿娥每次處理完蔬果，都會逕自幫春桃留下預備淘汰的爛葉和瓜果皮。站在廚房外看著女人之間看似獨立過生活，卻又默默看照著彼此的需求，其中那心照不宣的默契，像是她們隸屬同一陣營或祕密結社，通曉對方生活裡的匱乏，無聲地應援著。春桃也總沒道謝，安靜領受這份心意。

最晚到的是麗水，她一早得先去學校教印尼文，有陣子學校因為新冠肺炎疫情關閉，麗水就改成遠距視訊上課。結束學校教學，才趕來食堂。

麗水到時，春桃已把煮湯的大鍋注滿了水，接著將預備炸雞腿的鼎擺到爐口，四十幾口人的米飯，得用雙手都環抱不了的大電鍋炊煮，煮飯的內鍋裡倒滿生米，麗水一來就熟練地數起杯水的量，一杯一杯往鍋裡倒。揮了揮手要我別跟她搭話，免得忘了數到第幾杯水。

生米下鍋後，麗水也沒閒著，提起鍋鏟開始炒菜。她說她本想在村裡開個印尼餐廳，村裡許多人家都有聘僱外籍看護照顧老人，麗水想著餐廳能給這些姊妹帶來一些家鄉味。後來村幹事問她要不要來食堂當廚工，自己開餐廳的事只好暫時擱下。「但我還有在網路上賣一些自己做的辣醬啦，下午回去就要整理一下訂單、出貨。」看她一人身兼好幾份工作攢錢的日常，簡直和花姨沒兩樣。

麗水當過看護，做過廠工。第三次來臺灣當居家看護，有天照顧的阿嬤生病住院，麗水在醫院陪病，隔壁床的老婦人盯著麗水打量，觀察了幾天，最後問麗水要不要跟自己兒子相親。之後麗水便嫁給對方，定居在中臺灣這一小漁村。

靠海的村落總像在打盹似地靜悄悄，麗水的活力在安靜的城鎮裡顯得突出，她還會去外地參加唱歌、跳舞比賽，「讓自己忙一點，比較不會胡思亂想。」好在丈夫支持，讓她有空間施展拳腳。

廚房裡的溫度隨著煎煮炒炸逐一完成而攀升，三個女人的背影在熱氣氤氳的流理檯前成了幾抹藍色霧氣。活動中心的吊扇突然失靈，對街的雜貨店和活動中心旁的大廟一樣失去電力，街上原本聚在一起聊天的幾個女人停了下來，一頭霧水地探問，都摸不清停電的原因。

三個廚娘也被嚇了一跳，一時停下手。三人裡春桃最快恢復冷靜，沒事一般巡視著鍋上的菜餚，背著手瞄了一眼湯鍋，舀上一口嚐嚐，再加點鹽巴、味精提味。包著頭套、袖套，還戴著口罩的麗水開了冰箱門，開玩笑似的用冰箱冷氣降溫，被春桃斜睨一眼。

「很熱啦！」麗水撒嬌地說。

「熱是要講給誰聽。」春桃挑了挑眉，不鹹不淡的語氣。

寂靜的男性和熱絡的女性似是一種強烈對比。三個廚娘在高溫裡揮汗煮食的那年夏天，老柯長年臥病的妻子過世了。腎臟病，老柯早心理有數，幫妻子辦完葬禮，出殯那日，他把罐頭塔拆一拆，包成了一袋物資拿到附近的阿武家。

只是送完物資隔沒兩天，老柯聽說三兄弟送醫了，嚇了一跳：「我那天來沒見到人，東西放下就走了……。」

老柯和阿武父母是舊識，兩家人是老鄰居。阿武住的祖屋是老式三合院，緊鄰村民出資合建的大廟。三合院的大門口原本在馬路邊一側，但鄰居都從廟旁小徑穿過芭蕉叢，再繞進阿武家院落。

三兄弟住的這村子，距離市鎮鬧區大約十五分鐘車程，出了鬧區景色單一：廠房、檳榔攤、透天厝如吃角子老虎機圖案輪番出現。再往外圍，進到阿武一家住的村子，景色換成成排的新建透天厝，和過去紡織業興盛時留下的鐵皮廠房空殼，以及夾在小徑間的農田。

三兄弟送醫沒多久，我聯繫上社區的人，約在大廟見面，想多了解這事件的細節。但約定時間已過，卻沒見著對方，反而是老柯來廟裡閒晃，見我這陌生臉孔，問我找誰。我跟他說明來意，攀談一陣，他主動談起阿武一家的事，邊說邊領我往阿武家走去，小徑周遭芭蕉葉茂密，遮住了去路，也掩去三合院的輪廓，不過老柯熟門熟路，三兩步便破解迷宮。

沒有熟人帶還真找不到路。阿武住的那間屋，縮在牆內一隅，剩下二個兄弟則各自分住不同院落。三合院蓋得曲折，要找到三人，得在院內彎來繞去，穿過廚房或客廳，推開深處一扇門，才能發覺裡頭還有一間房。

兩年前，三兄弟的叔叔和嬸嬸還分住在院裡不同屋子，叔叔跌倒受傷後被晚輩送進養護機構，嬸嬸兩年前生病過世，院裡便只剩阿武兄弟仨。

三合院裡除了三兄弟居住的房間堆滿雜物，其餘只剩空蕩的屋子，牆面和地板都是水泥鋪面，沒有家具，只有幾隻褐色的米酒空瓶靠牆站立，兩把長板凳疊在一起立在房中央。光禿禿的牆上掛著某房親戚的結婚照，一站一坐衝著鏡頭笑，照片相紙看著有些年歲。梁柱上掛著五金行送的日曆，日期是二〇〇一年十二月三十一日。

前幾日老柯來送物資，院裡靜悄悄，沒有人聲。「他們常這樣，不開燈也沒聲音，有時就睡一整天，睡過去就忘了餓那樣。」老柯當時並未多想。

認識三兄弟大半輩子，老柯說三人裡頭大哥原是法師，但多年沒工作，「找他去廟裡做，他也不要。」老二阿武在六、七公里外的水五金工廠打零工。這幾年碰上新冠肺炎，工廠收了，阿武跟著失業。

最小的么弟則是視障，前幾年身體還行，仍會依著模糊的視力摸索掙扎下田，後來視力衰退嚴重，看不見也做不動了，兄弟索性把名下田產賣了，三人分一分。

賣地的錢花得差不多，三人總是有一頓沒一頓。「以前嬸嬸在，還會幫他們煮飯，現在家裡沒人，很少開伙了。」

不同的農村裡似乎都有類似的戲碼在發生。阿武鎮上的社工善喜發現，「許多農村男性，祖父那一代留了田地和祖厝，讓後輩依靠土地資本就能不愁吃穿好一陣。」住在祖厝，少了居住成本開銷，周邊若還有親戚接濟，就算無業，日子依然過得下去，「不少男性長輩一輩子沒有工作過，也不需要工作。再不濟，賣掉田地變現，也還可以。」善喜蹙眉說道，而這樣的個案往往是社政系統最容易略過的一群人，「因為他的日子總看起來過得穩穩的，他不說，沒人知道他有困難。」

如此生活型態看似風平浪靜，卻有種綿裡藏針的殘酷，人總能在光天化日下靜悄悄地消逝。

親戚凋零、子輩離鄉後，獨留下來的人，若不出聲，也許哪天便無人知曉地走入黑夜。

經濟因素加上親族離散，阿武三兄弟已逼近社會排除的狀況，正朝黑夜走去。還好仍有老柯等鄰居偶爾會送點物資來，里長也總來關照，還不至於孤獨而死。

「不過有時人家送東西來他們也不會收，可能是覺得不好意思，想說自己頂多六十多歲，還收長輩的東西，不好看。」老柯知道三兄弟好面子，不喜歡跟人伸手，更不會向人開口，他總推說是社區辦活動，或是旁邊大廟祭典後留下的物資，給鄰里們分一分，讓三兄弟不要覺得是被接濟；他還擔心三兄弟不會開伙，給的都是罐頭這些能即食的東西。有時老柯也會直接把東西往阿武門口一擺，門也不敲人便走了，「無愛予個拒絕啦。」

阿武送醫那天，是被來訪的里長和當地議員晴美發現臥倒在地。當地里長知道兄弟三人長期經濟困難，三兄弟裡除了老三因身障而有福利身分和一個月三千的補助，其他二人，由於名下繼承了祖厝、且年紀都還沒超過六十五歲，仍舊是法定勞動人口，因此難申請到福利身分。里長為此奔走，想找議員來關切，看看能否連結一些民間資源。說來也是湊巧，里長和晴美到訪那天，晴美原是下午有行程，「剛好行程取消，我就跟里長說不然當天下午去看看阿武一家。」

來訪當日，晴美跟著里長穿過芭蕉林，「這種地方，沒人說我都不知道有人住，根本找不到路。」晴美瞪大了眼說那天她因為太驚訝，邊走邊張望，一個沒注意，撞上了整串掛在樹頭的芭蕉。

兩人走到門前，還不知房裡出了事，直到在門口發現阿武臥倒房間地上，身旁躺著幾個不明藥罐——他六、七年前因自殺未遂而被醫院通報，一直有被衛生局列為訪視關注個案——身上還沾了屎尿，房間地板也鋪滿穢物。晴美見狀趕緊叫了救護車。兩人接著搜索了一下附近房間，要尋其他兩兄弟。在隔壁房裡見到老三同樣氣若游絲地躺在地上。

晴美帶我重回事發地點，站在芭蕉叢裡說起那日光景。晴美說她邊聽邊數著救護車的警笛聲，當天不知何故，剛好鄰近也有人叫了救護車，連著幾輛車的警笛聲在小徑間由遠至近，聽得晴美心驚，幾天後還感覺餘音繞耳。

醫護到場，屋裡一片暗，晴美在門口張望，還提不起膽往裡走，倒是醫療人員沒有半分遲疑，箭步衝向阿武，「都不怕髒，或有什麼疾病，馬上幫人急救。」晴美事後說她實在佩服，尤其那陣子新冠肺炎疫情未歇，感染風險還在。

忙碌一陣，阿武上了救護車送走後，晴美和里長才想到，「大哥人呢？」剛放下的心又提到喉頭，兩人趕忙前前後後再找一陣，始終沒發現人影，里長瞄到院落裡一個流動廁所般大小的棚屋，兩人不抱期待地拉開門，才在棚屋內發現了大哥。那棚屋是親戚過去拿來放農器具的地方，家族成員陸續搬離後，棚屋早空著許久。「還好有找到，不然人可能就去了。」回顧當日場景，講到三人順利送醫，晴美緩緩鬆了口氣。

只是本以為三人入院治療，事情暫告一段落。但沒想到住院一天，老大就逃了出來。「他怕住院太貴，就趕快出院跑回家了。」聽到大哥出院，晴美也嚇了一跳，但醫院也無法阻攔病患自願離院，只得讓他走。

其實家裡還有些現金，一時半刻還不用著急醫療費用。「阿武有拿一個信封給我看，裡面有幾萬塊錢。」晴美頓了頓，她問阿武兄弟三人都瘦成皮包骨了，怎麼不把錢拿出來用？晴美想的是求生，但阿武想的是求死，「他跟我說，那筆錢不能動，是要給三兄弟辦後事用的。」

那年夏天，我在阿武和春桃居住的鎮上流連。鎮上有間咖啡店，其中一個店員佳佳過去在此處擔任社工，離職後在朋友開的咖啡店幫點忙。由於身邊多是同為社工的友人，因此咖啡店意外地成了社工聚集地，那天我和佳佳聊著阿武一家的事發過程，碰巧善喜和文音兩位社工也前後走進店內，聽見我們聊起阿武，轉頭各拉了把椅子圍在我身邊坐下，幾個人七嘴八舌地想理出個頭緒。

讓眾人不解的是，阿武居住的鄉鎮發展得早，居民經濟狀況普遍也不錯。雖然一九八〇年代中期，產業外移，城鎮的名字在人們的腦海裡變得模糊，漸漸被忘記，不過地理位置仍占優勢，僅隔著一條河流就能到達中部重鎮，公共設施也相較鄰近城鎮來得齊備，讓地方近兩年房地產蓬勃發展，田間出現並排的獨棟住宅，動輒開價一千萬，也是一開案就售罄。

加上過去一任執政縣長曾大力推廣社區發展。阿武居住的鎮上，社區發展協會的數量雖不如隔壁另一鄉鎮來得蓬勃。可市鎮鬧區設有食物銀行和家庭福利服務中心，毋需福利身分也能在這些地方得到資源。

社政與公共設施條件都算充沛，社工人力也不到難以負荷的程度，佳佳皺眉不解，地方社工人力即便有限，尤其這幾年社政重點放在兒少、女性與身心障礙，負責其他像是貧窮等議題的社工數量相對吃緊，每人身上都是幾百案在背，但只要有案子通報上來，社工不可能不去家訪了解狀況。

「而且就算家裡有房產，我們社工也會針對共同持分的比例來計算個案持有的不動產價值，這都是很有彈性的啦，不會你名下有祖厝就一定不能申請到福利身分。」像阿武兄弟還不及六十五歲，仍可算作勞動人口，社工也會轉介輔導就業，當真難以就業，也會再另覓資源做媒合。

但直到三兄弟的事在社群網站發酵前，鎮公所和縣政府的社政單位都未接過相關通報。倒不是地方人情冷漠，無人伸援手，像是鄰居老柯和當地里長，也都頻繁到訪阿武家，想給予協助。只是碰上三兄弟推辭時，旁人也不好說什麼。社工系統無法偵測到隱蔽在地方上的老弱貧殘人口，仰賴由下往上的通報，但這資源與服務的輸送線要能連結，還得當事人願意接受協助。「當事人不願求助，或是拒絕別人幫忙，你也沒辦法破門而入。」第一線工作多年，佳佳心裡明白，「當事人」總是社工服務輸送上第一道阻礙，一旦「當事人」拒絕受助，門外再多資源都是枉然。

「而且相較女性，男性更不會開口求助。」善喜醍醐灌頂的一句話，其他幾個社工全附和似地點起頭。不只阿武所在的區域，前線社工在不同地區的服務經驗裡，都明顯感知到「性別」造成的差距。

「如果家裡屋頂破了，女生會到處跟鄰居說，然後想辦法找資源來修理。」同是社工的文音說：「但如果是男性，他就會躲在家裡不出門，怕被人認為是個連家都照顧不好的失敗者。」佳佳也接著補充，性別養成的文化裡，將男性塑造成家庭中的「尊嚴維護者」，讓許多男性認為，向外求助「有失尊嚴」。

許多高齡相關研究都發現：高齡女性的社會支持較男性高。同為步入高齡社會的日本，厚生勞動省研究發現，男性孤獨死的比例遠高於女性；二〇一八年日本國立社會保障與人口問題研究所的調查也顯示，百分之三十以上的男性高齡獨居者自評生活需要援手時，找不到任何協助，這比例是女性的三倍多。

這差異部分來自不同性別建構社會關係網絡的方式。男性的社會關係網絡與自身社會角色有關，一旦退休，邁入老齡，過去的社會角色消失，男性在建立新的網絡關係上相對退縮。而女性的人際網絡，一部分來自日常生活。像是市場買菜時與人打招呼，更新彼此生活近況，或倒垃圾時和鄰里寒暄幾句，或是無聲地為對方收集學校廚餘，或是為需要的人留下瓜果皮，都能讓姊妹情誼逐步堆疊，也讓女性在家庭照顧者或正職工作等角色之外，增加了「好鄰居」、「好志工」等多元的社會角色。[1]

多重社會角色，讓社會資源有機會與之媒合。像是地方的日照中心，使用者中百分之七十是女性，許多女性一發現身邊姊妹淘喪偶獨居，便會拉著對方一起到日照中心進行各種課程，

1 第一線社工也發現，底層男性在互動上，多會透過像是聚在一起喝酒、瞎扯來建立關係。而閒談的內容多半圍繞在感情議題或是過去年輕時的成功記憶，社工需要花時間陪伴才能理解，這其實是男性在表達他們的孤獨與寂寞，底層弱勢男性的生活環境與文化語境中讓他們習慣用這樣的方式表達，但旁人不一定能理解這其實是一種「求助」。

或參與志工行動，這些活動不但讓高齡者維持一定的身體機能和社會連結，還起了彼此陪伴的情感面支持作用，降低憂鬱狀況。反之男性則會覺得去「那種地方」等於被人發現自己老了、身體不好了，「很丟臉」，關在家中孤絕於世。

社會網絡的強韌程度，也影響了居住品質的高低。適切的居住環境，除了個人心理層面上對於居住地有歸屬感，認同這是「自己的地方」外，居住環境所能提供的功能與服務——包括主動選擇「幫助的來源」且以「交換」的方式取得服務——同樣也影響個人對地方的認同與依附。主動踏出家門尋找資源的女性，提升對居住地的認同，也維持了居住品質不至崩塌。

相較之下，自困屋內，排除於社會之外的男性，更容易陷入經濟、社會關係與資源等多重貧窮的境況，最終導致孤立無援，「先是屋頂破掉，接著輪到電燈壞了、摸黑生活，再下來是因為視線不良跌倒受傷，一連串問題累積，等到人被發現時，生活品質都已糟到不行了。」文音苦笑。

熱天午後，小鎮裡無聲的死亡震驚了外界。阿武三兄弟送醫後，晴美在社群媒體上提及此事，故事迅速蔓延，大量捐款湧入地方社會局和三兄弟個人帳戶，還有慈善團體主動出擊，幫忙把三合院裡裡外外清潔一番。

阿武住院期間，只能由姪子天天帶著存摺去銀行幫忙刷匯款紀錄，以便向捐款人回報，捐款超過百萬，姪子頻繁進出銀行，惹得行員警戒。「因為是非本人來，而且刷得太勤了，姪子還被銀行行員通報疑似詐騙集團車手。」晴美笑出聲。

但送醫隔日，自行返家的老大仍舊過世了。老大自行離院隔天，晴美趕忙又到他家裡探望，進了房門只見老大面朝牆側臥在床板上，晴美以為他還在睡，沒有喚他，過了好一陣子，仍舊毫無動靜，「連翻身都沒有。」眾人感覺有異，上前查看，才發現大哥竟然已沒了氣息。醫院註明的死亡原因是「肺部感染」。

老三則從醫院轉往安養機構居住，機構費用由部分捐款支出，還動了眼睛手術。兄弟三人只剩阿武獨自回到老家，上百萬元的善款以信託方式處理，維持了他的生活開支，阿武說自己錢都花在繳水電費、買泡麵上，「一萬元可以過二個月。」

再見到阿武時，晴美感覺他圓潤許多。每隔幾天就會到訪的里長也說：「現在都很好了啦。」只是阿武變得更孤獨寡言，三兄弟的故事剛在網路發酵時，坊間有些惡意留言，指責阿武靠哥哥的死賺錢、好手好腳卻花外界給的捐款。阿武因此把自己關在屋裡二個月，害怕出門見到人。

騷動像一陣拂過鄉間的風，風聲停歇，三合院恢復往日的悄然無聲，甚至更加沉寂。阿武有時二週才出門一趟，騎著車齡三十五年的野狼到鎮上辦事，或在旁邊廟埕繞繞。更多時候，他就坐在屋外白色塑膠椅上，隱身在芭蕉叢裡，遠遠聽著大廟那頭傳來的人聲。

死亡在春桃居住的臨海小鎮無所遁形，一切都攤在飯桌上、餐盒裡。

停電只持續不到十分鐘，沒多久風扇再次轉動。春桃瞄了一眼時鐘，熟練地把十幾個鋁製雙層便當盒一字擺開，按照順序添上主食、配菜，再舀一勺湯倒進碗裡。我想著要幫點忙，趕緊湊上去伸手要把便當盒排好，手還沒搆到便當盒，就一把被阿娥拉著，「她有算好哪個便當是誰的，要怎麼裝菜，不要打亂她的順序。」我險些打亂了三個廚娘的工作節奏。

這些個便當盒是為了行動不便長者準備的午餐，會由志工外送到府，志工也會在送餐過程觀察老人家的精神狀況和行動能力；其他有登記共餐的村民則得自己來打飯，透過這相聚一刻的瞬間增加高齡者們的社會連結，同時社區發展協會的工作人員也能在實體互動和言談中觀察出長者的身體變化。加上每天的共餐都會一一點名，若有老人家沒現身，社區發展協會的工作人員也會趕去長者家中訪視，了解情況。

今天的便當主菜是雞腿，早晨春桃在市場買了五十支雞腿，她在心裡默數，「現在已經算少了。」春桃剛到食堂當志工時，食堂有八十多個老人用餐，幾年間不少長者陸續過世了，還有人因為健康因素，被孩子接去安養機構住，「現在只剩四十幾個來吃飯了。」春桃聳聳肩。

來打飯的村民陸續聚集到活動中心裡頭，前後抵達的阿嬤們一個個有默契地挨著圓桌坐下，閒話家常起誰家的孫子放暑假回到庄頭裡住幾個月，接著有一搭沒一搭地關心起彼此家裡的狀況；七、八個阿公散坐在圓桌外圍，沉默地盯著遠方。

四菜一湯搬上不鏽鋼餐檯，社區發展協會的工作人員來到餐檯一側，一人就著一道菜，手持鐵夾。村民從另一側排隊進場，在每道菜前稍作停頓，讓工作人員把菜餚放入餐盒。手部動作和腳步速度搭配成一組節奏。「這個菜給他多一點。」春桃用握著鐵夾的手微微指了指隊伍中一個長輩，悄聲向工作人員示意，「他一個人住，多給一點，剩的讓他當晚餐。」每個人的家庭狀況春桃都瞭若指掌，如何配菜，如何給分量，也在她心中拿捏好分寸。

四十幾個便當迅速填裝完畢，村民們魚貫步出活動中心大門，阿娥也拎著自己的餐盒跟著人群離去。多餘的飯菜，會讓經濟狀況比較吃緊的春桃多帶一點回家，其餘則讓麗水打包帶走，加工一下就能成了一道新料理，給家裡的兩個青春期孩子加菜。

夏季的午後總有陣雨，春桃抬頭看了一眼遠方，密雲不雨，空氣裡的溼氣令人煩悶，「再過一下大概就會下雨了吧。」早晨拎去學校放著的廚餘桶已收回，正放在雞舍旁，等著村幹事的老婆來領回，「差不多快來了。」每天傍晚此時，兩個女人偷空閒聊，再晚就得各自回家準備晚餐了。春桃說她最近開始覺得疲憊，又要幫忙顧孫子，又要一早去食堂幫忙，她說若不是村幹事的老婆來找她去做志工，她也不會去。雖然嘴上埋怨，但春桃還是樂意去當廚工、去採買，和人閒話幾句，維繫彼此的近況。

兩個內孫剛上完網課，春桃催著他們洗澡。孫子將毛巾甩上肩，走向屋外鐵皮搭的浴廁。春桃在腦內盤算著晚餐的菜色：中午從食堂帶回來不少雞腿，再加點變化，還能吃好幾頓。

三合院外的路燈泛起昏黃的光，臨海之處是橙紫色的晚霞，蚊香和潮溼泥土的味道混雜。村裡的廣播響了，村裡人早習慣這略帶口音的臺語，是遠嫁到此的外籍媳婦們。廣播裡細數販售自製醬料和食材的品項——她們總會自製各種食材，多餘的便拿出來販賣——歡迎大家到大廟前參觀選購。鎮上女人們的手似乎沒有閒下來的一刻，永遠都有事做，永遠都在找事做，再貧瘠的日常也能在她們掌中搓揉成宜居的模樣。

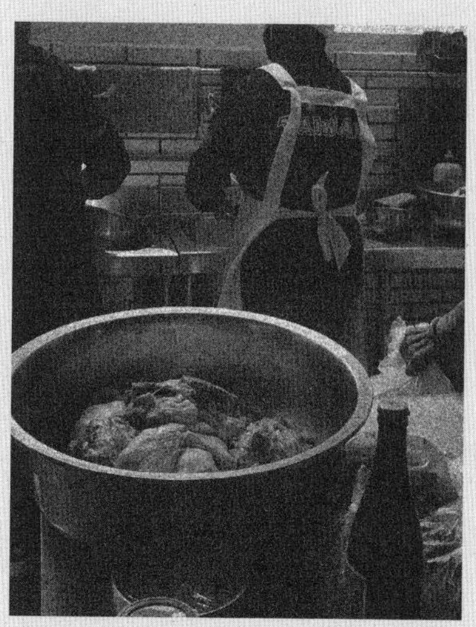

老張哥和我不只一次談起關於勞動價值的問題。他期待無家者能夠透過工作，逐漸脫離街頭——這套先自助、再他助的想法，同樣也隱含在社會救助的制度裡——且勞動不僅能獲得薪資，還讓人得到心理支持和尊嚴。只是把「改變生活」和「努力」畫等號，將貧窮現況指向個人不夠努力，卻也忽略了結構因素導致的工作貧窮，正在讓廣大受薪階級成為老齡貧窮的後備軍。

攝影：鄒保祥

第八章 做事人

傍晚五點，我在西區火車站附近一間便利商店漫無目的地瀏覽飲料櫃。這天才剛結束和宗明一起完成的清潔工作，在密不透風的房間裡清出好幾袋垃圾，下了工滿身大汗的我正想在便利商店吹個冷氣休息一會。但閒逛一陣，我隱隱感覺這間便利商店有些異樣：店外頭的臺階上，陸續聚集一群跟我一樣滿身汗溼，臉上掛著汙穢和疲憊的工人，他們或坐或站地群聚閒聊，像在等待什麼一樣。

工人魚貫走進店內，也不買東西，徑直走向座位區一位腰間上掛著黑色腰包的女人，工人在女人對面坐下，雙方寒暄一陣，女人嘴裡聊著手也沒閒著，在像是收據的簿子上振筆疾書，接著撕下存根，再從腰包裡點了點現鈔一併塞到工人手裡，工人連聲道謝起身離開，接著換下個工人坐進女人面前的沙發裡。

連續幾天我都在傍晚時分來到這便利商店閒晃，試著觀察這組人的互動。有時女人會離開座位，走到提款機前操作一陣，提款機傳出嘩啦嘩啦數鈔聲，女人匆匆伸手將出鈔口裡的一疊鈔票塞進腰包裡，疾步走回座位。

一週後我終於搞清楚，女人是附近派工的工頭。清早也會出現一次，招募流動工人，媒合他們到各處工地打工，等到傍晚下了工，工人再回到便利商店和她會合，領取當日工資。發薪的流程拖上一段時間，一個四、五歲大的孩子跑進店裡，看起來剛下了課，拉了把椅子坐到女人身邊，有一搭沒一搭地講起學校發生的事。

日薪工人領了錢，三三兩兩走出店門，有的往車站方向移動，準備回到街頭露宿點休息，有的還在門口抽菸閒扯。女人忙到一個段落，收拾完桌上東西，牽著孩子的手走出便利商店，我趕忙湊上去搭訕，和她聊了幾句。

女人任職的人力仲介公司剛成立，還沒來得及租辦公室，才會在便利商店給工人們發日薪。她招募的都是一些流動工人，其中有些是無家者、有些是更生人，裡頭不乏年紀大，但仍需要工作才能維持生活的人。

工地工作沒有勞健保，每日領現。這對一些曾因販賣個人帳戶給詐騙集團使用，導致信用有瑕疵無法開設銀行帳戶的無家者，或是申請了福利身分，但補助不夠過生活的人來說十分方便——「很多有申請低收，但補助不夠用的人，也得靠打點零工來貼補生活。如果有勞保，之後會被查到有收入，低收資格可能會被取消。[1]」轄區老齡貧窮戶最多的里長曾這樣跟我解釋——只要有上工，下了班馬上能領到錢。

1 以臺北市為例，低收入戶分為〇至四類共五個等級，其中第四類生活扶助費每月七千多元，即便無居住相關支出，或租屋處有申請到租金補貼，但仍須打零工來維持生活。列冊低收入戶，若有參與相關就業服務、職業訓練、以工代賑等服務措施，於一定期間及額度內因就業而增加之收入，得免計入家庭總收入，最長以三年為限，經評估有必要者，得延長一年。但超過六十五歲以上不列入勞動人口，且政府提供就業服務多屬全職工作，對身體和勞動力衰退的高齡者來說並不適合。

雖沒有勞保，不過工地仍幫流動工人們保了意外險。「只是年紀越大，保費會越貴。」女人瞄了一眼還在便利商店附近徘徊，上了年紀的工人，「高齡化社會，這問題會更加嚴重，上了年紀但還是需要工作的人越來越多，但他們的工作保障特別少，萬一出個意外、受傷……。」女人沒再說下去，匆匆朝我揮揮手，拉著孩子，跨上機車離開了。

數字反映這幾年中高齡勞動者的確顯著增加，根據主計處中高齡勞動相關統計，二〇二二年超過六十五歲以上高齡者的勞動參與率是百分之九．六二，四十五至六十四歲的中高齡勞動參與率則為百分之六十五．四九，兩組數字皆是自一九七八年有官方統計以來的最高值。其中七成屬於受僱者，從事部分工時、臨時工或人力派遣就業者占百分之七．八。而這當中還不包括因無投保勞健保而未納入統計的勞動人口，若加上便利商店裡日領的流動工人們，中高齡勞動參與率恐怕會再更高些。

高齡人口的勞動參與率攀新高，部分原因可能來自這幾年政府提倡高齡勞動力重返職場，讓退休人士回鍋貢獻勞動力[2]。不過對照另一組數字：二〇二〇年主計處公布的家戶收支統計裡，家戶可支配所得五等分中，所得數最低的百分之二十的家庭裡，經濟戶長為六十五歲以上長者的比例高達百分之五十九．三一，換言之可支配所得最少的家庭，有一半是高齡家庭。相較於二〇〇一年，這組數字僅百分之四十．七一。

另外根據衛福部統計，二〇二二年低收入戶人數中，六十五歲以上長者的占比逐年增加，從二〇一二年的百分之七．四上升到百分之十五．八，人數多達四萬五千人。可見對部分高齡勞動人口而言，工作與否並非選擇題，而是必須持續勞動，才有能耐抵禦貧窮。老趙就是其中一個老了也不得閒的工作人口。

老趙年輕時曾在南部的碼頭工作過，他做的不是勞力活，是船務代理公司的文書工作，一艘船入港後，上頭船員要吃要喝、船隻需要用水用電，全都交給代理公司安排妥當，剛入職那幾年，港都作為世界第三大港，他親眼見證過盛世繁昌，接下來幾年，他也體會過港口的代理公司在幾經金融危機後數量砍半的淒涼。

老趙屬於勞退舊制的一代人，六十五歲退休後，由公司提撥一筆退休金給他，他還算幸運，「當年領了一百多萬。」數字聽起來豐厚，但和老伴兩人，即便沒有房屋貸款等負擔，要靠一百多萬活到平均餘命八十歲，還是略顯拮据。「而且萬一生個病，這錢肯定是不夠用的。」

老趙退而不休，馬上接續起第二份工作，「剛好有朋友問我要不要做保全，我就接了。」

2 因應十五至六十四歲勞動人口減少，二〇二〇年十二月四日《中高齡者及高齡者就業促進法》正式上路。除鼓勵雇主留用六十五歲以上高齡勞工，同時放寬雇主以定期契約僱用六十五歲以上高齡者，增加勞雇雙方彈性。

老趙的辦公室轉移到碼頭附近一處社區的管理員室，不起眼的鐵門裡，約一．五平方公尺的空間塞了一張長桌，上頭一本冊子密密麻麻地註記著訪客姓名，桌子旁分門別類放著代收的包裹占了三分之一的空位，其餘只剩下一張辦公椅可迴旋的空間，做為老趙的天地。

管理員室沒有我容身的位置，我就拉了把椅子坐在門口外和老趙閒聊起來，沒講幾句話，老趙就得起身忙，收貨、領貨、通報訪客，訪問斷斷續續地進行。退休後的老趙在這管理員室又待了十四年，管理員室的牆上釘著一張班表，一行分成二十四格，代表晝夜二十四時，十二格是老趙的，剩下十二格是另一名同事，連著輪值三天、每天十二小時的白班，可以休個假，再輪晚班。

快八十歲的老趙總提著熱水瓶，騎著中古機車到來，偶爾正午過後清閒時，雙腳橫擺在矮凳上，看著手機裡的影片消磨時間。他感謝自己身體的硬朗，讓他應付得了一天十二小時的工時，「也感謝老闆還願意讓我做，那我就做到不能做為止。」

「這工作說穿就是狗。」曾有住戶當著老趙的面喊他看門狗，也常有看上去比老趙還年輕的住戶不客氣地嚷著要他趕緊出來幫忙提菜籃、拎包裹，還曾有同事輪夜班，中間去上個廁所，「我們這邊廁所在地下室，要繞一段路。」回來後遇到一對母女沒帶鑰匙又找不到管理員開門，在寒風中等了幾分鐘，一見到人便不耐破口大罵，「說這麼冷的天，想害她母親死在外頭嗎？」

「你能回嘴嗎？回嘴等下被客訴，糟一點搞不好還請你走路。就低頭道歉了事嘛。」老趙晃了晃腦袋，「年紀輕一點的哪裡受得了這種氣，做幾天就不做。」同事來來去去，老趙倒是氣定神閒，忍受著工作中的重負和心靈上的委屈。幾個路過的住戶狐疑地看著我，老趙趕緊陪笑臉跟住戶問好，消解他們的疑慮。

老趙翻弄著訪客登記簿的頁面邊角，他說自己兩個孩子都大了，欣慰的是如今孩子不需要他煩惱，房子也還有父輩留給他的老屋，只需要專注在維持夫妻倆老後的生活即可。「一百多萬的退休金，再加上現在一個月二萬四的薪資，開銷就穩了。」老趙不知道夫妻倆還有多少年要過，會不會遇上意外、病痛。他只知道若是少了這筆薪水，夫妻倆的日子馬上難過，一日三餐全都得精打細算。老趙嘴角一抹淡淡地笑，他說被住戶羞辱總比被生活羞辱來得好，想開了，還有什麼不能忍？

老趙擔心的是夫妻倆還沒闔眼，老本就先花光，志學則是連老本都沒有，更沒有退休的本錢。

志學住在臺北西區一幢老公寓裡，蜿蜒的飛天旋轉梯和老齡貧窮租客是這裡的特色。年輕時志學開了家貨運行，自己有五、六臺貨車，請了十幾個工人。那時收入相當不錯，一家五口生活無虞。但志學的老婆嗜賭，入帳比不上花銷，「她賭香港六合彩，還做組頭，也被警察抓過。」六合彩輸贏落差大，有時一欠欠了四、五十萬，「我也只能幫忙還，不然怎麼辦。」「我勸不了她，只能離婚了。」大女兒高一那年，志學提了離婚，老婆離婚的條件是公司和三個女兒的扶養權歸她，志學只能答應。離婚後老婆帶著女兒四處搬家，偶爾收到消息，都是老婆託女兒來跟志學要錢，志學怕女兒吃苦，每次來要，他都照給。

大女兒成年後，志學打聽到女兒上班地點，曾偷跑去公司探望，塞了幾千塊說要給三姊妹當零花，「結果我大女兒跑去跟她阿姨告狀，說我去公司騷擾她。」她阿姨警告志學不要再隨便接近女兒。志學皺眉看著我，說他實在心寒，「我去給她零用錢，怎麼就是騷擾了。」從此和女兒斷了聯繫，沒來沒往。

離婚那時，志學把公司給了老婆，自己轉成靠行司機[3]，掛在別人的貨運行底下工作。貨車一開開了三十年，他以前當老闆，後來靠行開車，都一樣沒有勞保，也沒有退休金。即使過了六十五歲的退休年紀，志學還是繼續開車，「不開就沒錢過生活。」

六十七歲那年志學開車送貨，回程突然發暈，貨車一頭撞在樹幹上。在醫院醒來後，志學發現自己左半邊身體不能動，手臂掛在肩膀上使不上力，只能隨著身體搖晃。醫生說是中風，志學再也不能開車。

醫生叮囑志學好好復健，志學的老家在士林官邸附近，他就每天拄著拐杖到住家外的公園散步，一小步一小步拖著腿移動。

哥哥以前在美軍招待所工作，「天天喝酒，三十幾歲就肝病死了。」留下嫂嫂和三個子女。志學中風出院後幾個月，嫂嫂把他趕出門，志學不知道能去哪，在平常散步復健的公園睡下，隔天被警察帶回派出所。

警察無力處理，只能把志學送到遊民收容中心，在那裡，志學又中風一次，突然倒地，送醫急救後，醫生說以他的身體狀況不建議開刀，怕後遺症，也怕他身體撐不過手術。

後來志學曾經回到士林官邸附近的公園看看他當時睡的地方，「多裝了五、六支監視器。」志學瞪著眼，揮舞還能動的右手比劃著。

待在遊民收容中心一週，志學的「室友」介紹他去「舉牌」打工，一週兩次，通常是週末那兩天，一天工資八百，另外還推薦他搬到南機場附近。一開始志學租在一間半地下室，距離

---

3 經營汽車貨運業必須向交通部申請核准，半年內成立公司或商行，資本額二千五百萬元以上，自營門檻高，因此貨運業多半是「靠行」，把車子掛在既有的業者公司下。

如今的租屋處幾條巷子遠，月租三千，一間地下室隔了五、六個房間，只有靠近天花板的半截氣窗透得進陽光。

他瞪大眼跟我說，曾經有次，其中一間的租客點了打火機預備燒蟑螂，房裡著火，地下室通風不良，房裡都是煙，嗆得難受，幾個住戶跌跌撞撞地往外衝。志學受不住，「空氣實在太差了，住不下去。」趕緊逃了出來。一出地下室，鄰近的社福團體工作人員拉住他，介紹他現在的居所，屋齡超過五十年的公寓，內部格局兩房一廳。志學和另一個無依老人成了室友，「他之前也住那個地下室。」志學抬了抬下巴，朝另一間房示意。

房租一個月四千五百元，舉牌的薪水付完房租就沒得生活，志學因此還兼了另一份清潔工作的差事，一個月薪水七千多塊，「不多做一點不行，不然房租都付不起。」

舉牌公司在汀州路，每次上工，志學得大清早出門，右手拄著里長送他的拐杖，一小步一小步拖著左半邊身體小心翼翼地往前挪，到公司大約得花上半小時。大熱天裡，走到公司衣服已經溼透。左半邊身體使不上勁，但志學還是得工作，「不做不行，錢不夠用。」

到公司集合後，舉牌工人和寫滿「萬坪花園」、「緊鄰捷運」等字眼的廣告看板一起擠進老闆的貨車，被載到各自負責的定點——通常是車潮川流的交流道口，或是出遊人群聚集的觀光景點——人就這麼在看板旁待上一整天。志學手腳不方便，老闆會幫他把看板綁在路邊的電線桿，傍晚下工時再來載他回家。

根據二〇一五年及二〇一八年臺北市遊民生活調查報告中顯示，七成五以上的無家者都有工作，只是受限學歷、中高齡與健康狀況，工作型態多為非典型就業，沒有勞健保、兼職性質為主。身體素質好一些的，能去工地打零工；身體狀況差的，就靠舉牌來賺點生活費。

六、七年前，社工勸志學提出給付扶養費的訴訟，後續好幫他申請社會福利身分。他抹了抹眼淚，說自己硬著頭皮向三個女兒提出給付扶養費的訴訟，要求每月九千元的扶養費用。法庭上志學跟法官說，自己沒養過女兒。判決很快出爐，駁回聲請，三個孩子無須負擔扶養費，和他再沒瓜葛。隨後社工也順利幫志學申請到低收入戶補助，還有每週五次的長照居家服務，幫忙清潔打掃和沐浴。

補助讓他生活暫時無虞，但和女兒之間的關係也再無轉圜餘地。他嘆口氣說：「二女兒就住這附近，但我也沒去找過她。」我問他如果有天偶然在路上遇見了二女兒呢？

「那我也不會去打招呼。」志學撇過頭說道。

申請到低收身分和長照服務，本該是最鬆口氣的時刻，但志學接著自殺未遂好幾次。三次中風讓他無法再去舉牌，只能一個人窩在租屋處的小房間裡，他有些抓不著自我價值和生存意義。對志學來說，勞動不只有賺取薪資收入，還提供深層的心理支持。被社會排除的人對尊嚴感到匱乏，勞動有時是重新獲得尊嚴的手段之一。

少了勞動，一個人百無聊賴的時間也顯得太漫長，孤獨過於喧囂，讓人焦慮。有陣子志學沉迷電視購物，「看到什麼都買。」房間堆滿沒拆封的包裹，鍋碗瓢盆，還有許多絨毛玩偶。「我如果死了，那個鍋子送給你。」他指了指牆邊櫃子上堆到最靠近天花板的一個印著壓力鍋圖案的大紙箱，轉頭看著我。

買來的東西大多堆著，一次都沒用過。志學享受的是購物這個帶有主動性的行為，這讓他感覺活著。後現代社會裡，透過對某事某物上癮，方能暫時安撫人際中不被理解的寂寞，藉著耽溺、上癮凍結寂寞引發的焦慮，藉此安頓身心，延遲失落。但屋裡已堆積如山，直到志學遭社工斥責，才稍微收斂一些。

少了購物，他總是皺著眉頭蜷曲在南機場老公寓裡兩坪大小的房間，瞪著天花板發呆，「電視我都拆了，只看天花板。」床邊小桌上一臺音響，整日放著佛經，單人床上擺著他枯瘦的身軀，還顯得有餘裕。

志學本就輕聲細語，沒了工作能力後更趨於寂靜，常常一句話說到最後，聲音像是被噤了下去，消失在嘴裡。幾次自殺送醫後，「醫生說救得活就試試，救不回來就再打算。」人救回來了，但他也瘦得只剩皮包骨。

社工想法子安排他去附近里長辦的共餐食堂當志工，讓他別老一個人窩在房裡，被憂鬱占據。「我跟里長說，我死了，屍體麻煩他處理，房間東西都留給他。我還有個煎蛋用的鍋子，都給他。」

鄰里活動多少增長了志學的人際網絡，減少他自毀的傾向。他的床頭櫃上擺著一張照片，是前幾年和里長辦公室的志工們一起出遊時拍的合影，「最遠去過金門，有次去陽明山，有個坐輪椅的上不去，我還幫他推（輪椅）。」志學難得露出笑。

街頭上也經常能感覺到不少人把工作能力和個人價值畫上等號，「工作以後，會覺得有能力養自己，不用靠其他人，不是等著分的，比較不會亂想。」一個無家者曾這樣跟我說過。身體還能勞動、賺錢，讓人有種「不靠補助過活」、「還能靠自己」的欣慰，也有了座標來定義自己的社會位置。這潛在的工作倫理，也讓人透過勞動能力，把自我和他人作出階級區分，有工作的無家者在談起其他沒工作的人時，語氣裡也多少帶點嗤之以鼻的味道，覺得對方「就是懶」。

老張哥和我不只一次談起關於勞動價值的問題。他經常媒合車站附近的無家者去做清潔工作、或到餐廳洗碗，體力好一點的，就介紹去洗車或工地。面對那些積極投入勞動力市場的人，老張哥語氣溫柔，他指著一個女子跟我說，女子和丈夫都露宿街頭，女人兼了兩份清潔工作，有時也會積極幫忙發放物資，傍晚下班回到車站，還照顧重病的丈夫。

接著指了指附近另一個無家者，語氣轉微怒，「那個人就是好吃懶做。介紹他去工作，他跟我說好，去了之後卻跑去跟老闆借錢，說什麼母親過世要回去，沒車資。」老張哥冷哼一聲，「這種我就不會幫，借錢給他一次我就不會再借，我也不要他還，就當掉水裡了。」

老張哥心裡自有一把尺，從他談論每個無家者的語氣，就能聽出對方在他心中勤勉與否。他想著來自善心人士的物資捐贈只是生活的輔助，勞動、租屋，然後脫離街頭，才是畫得筆直的正規道路，而資源更應該留給那些在路上奮力跟緊隊伍的人。

他有時會刻意忽略那些「好吃懶做」的人，「餓他三天，他就會乖乖去工作了。」至於那些無能力工作的人，老張哥會以純然「慈善」的眼光去理解，認為這樣的人就該是國家救助的對象，有人不幸落在國家扶助的範疇外，那就由慈善人士來幫忙。

某個午後我們坐在車道旁的花圃邊，再度談論起「工作」這檔事。「你有工作，賺的錢就算不夠租房子，至少可以買自己喜歡吃的東西吧，不用在這邊等人家發便當，有什麼只能拿什麼。」他不喜歡「只有接受的份」這種失去主動性的感覺，在街頭領受別人給的物資，雖然足夠生存，卻不是生活，而勞動的收入讓人有能力消費。消費，代表的是一種自由。

「可是如果對方主動選擇這種流浪生活呢？」我問道。

老張哥瞅著我的臉，一臉不認同地看著我，這問題對他來說或許並不成立，「會來這裡的都是遇到困難的。」老張哥撇頭看著車道，幾臺公車卡在彎道，機車在夾縫中穿梭。沉思一陣，老張哥緩緩吐出一句：「這不是一個選擇題。」

類似的辯論在車站附近的一處派工站裡也不時上演。派工站成立於二〇一九年，是由民間團體創建的零工媒合平臺，透過私人企業或鄰里長提出工作項目、需求人數和薪資，接著讓派工站媒合有意願工作的無家者們上工。

機動性的派工模式，補足了公部門資源的缺口。由於目前公部門所提供的無家者支援系統，主要分成租屋和輔導就業兩大路徑，讓街頭上的人重新回歸主流社會價值。但公部門釋出的資源與現實需求有極大落差，像是就業服務站提供的工作機會，幾乎都是附有勞健保的全職性工作。可對高齡者而言，身體難以負荷全職工作如此高強度的勞動，時間彈性的零工反而更契合老齡貧窮者的需求。

加上有些人因為過往信用不良紀錄，或有積欠稅金、健保費等問題而遭銀行強制執行。一旦納保勞健保，薪資所得馬上會被銀行扣款用作還債，賺的錢光還債都不夠，更遑論生活。因此不少人多傾向選擇當日現領、無勞健保的工作，而不使用公部門的職業轉介。

根據調查，社會局協助過的無家者中，僅有約四分之一（五百二十二位）參與過就業輔導的方案，其餘四分之三（一千五百八十二位）則從未使用相關服務[4]。許多年過六十五歲還得持續勞動的人，都偏好選擇非典型的兼職工作，而非向國家資源求助。

派工站裡業主提出的短期工作，有的是每週固定一次的清潔打掃，有的是為期兩、三天，幫忙搬運大型傢俱或包裝產品等工作內容，也有里長委託進行垃圾屋的清潔，這類短期、領現且多樣的工作內容，讓體力衰退的高齡者或身心狀況無法負擔長工時的人，能夠依照自己身體條件做考量，選擇可勝任的項目。

派工站每週固定公布招工單，詳列下一週的工作項目和時間、地點以及薪資，邀請參與派工的人共同討論工作項目，在招工項目旁寫下自己的名字。

會議總是七嘴八舌，一人望著招工單皺眉，「這個搬冰箱的工作只要找兩個人喔？兩個人怎麼可能搬得了？」另一人則是在心裡計算著哪項工作時薪較高，盤算一會終於發問：「第二個工作是怎麼算錢？」

派工站的工作人員小傑在這些來來去去的無家者和前無家者們身上也同樣感覺到「工作」的魔力：無家者在面對社工時，多少會「顯得愧疚或畏縮，覺得受惠於人，或老要麻煩社工」，話語裡總是在道歉；不過積極參與工作後，和社工的關係反倒變得平等，「他們會覺得自己是『可以幫忙社工』的人。」小傑分析：與無家者們的日常互動，多少都能察覺出他們心理層面的變化，像是當無家者們談論起自己「領取物資」頻率，就能感覺出他們的個人定位，以及與他者的界線，「有些人會強調自己已經多久沒去領物資、或是吃街友尾牙，跟別人不一樣。」

派工站的常客裡，文叔大概是最擁護勞動價值的那一個。文叔屬於特別健談的類型，和他待在同一空間，對比其他人的寡言，總能聽到他滔滔不絕，話匣子關不住。第一次在派工站見到他時，他正一手搭在椅背上，側身勸解著鄰座那一臉愁雲慘霧、長髮束成低馬尾的女人，另一隻手邊把玩手上的充電線。

4 〈「他還會繼續睡在街頭嗎？」無家者的脫遊預測分析——以臺北市遊民工作暨生活重建方案參與者為例〉，看見裂縫中的光——平等參與友善社會成果發表暨研討會，二〇二〇年八月二十四日。

那天他一早九點就先去做清潔工作，一路做到中午才回到派工站休息，但文叔臉上不顯累，襯衫看起來也沒有因為工作而汗溼。他拍了拍平實的肚子，「我現在最大的本錢就是身體好，還能做。」他特別愛炫耀自己身體勇健，年過六十還能跟三十幾歲的人做一樣的勞動，六十五歲的人了，還削瘦得穿得下年輕時買的花襯衫，這是他還有勞動本錢的象徵。

會來派工站的，大多是生活有困難的，居無定所或是靠著微薄零工收入強撐著過日子的人。夏季燠熱，派工站裡冷氣舒爽，還能沖澡，因此總有人進出，來洗衣、洗澡的，來吃飯、喝水的，或有時只是坐著，吹著冷氣聽著背景人聲吵雜稍微放空，也都比坐在街頭強上許多。

綁馬尾的女人也是其中一個來派工站暫避現實的人，沒錢的日子讓女人著實感覺辛苦，卻又看不到盡頭，她一邊聽文叔說些寬慰的話，一邊皺眉點頭，偶爾用手帕抹了抹臉，聽了一陣才離去，臨走前，眉頭依然是皺著的。

派工站裡還有幾個人正趴在桌上小憩，那些都是早上剛上完工的人。其他還醒著的，大多抬頭盯著掛在牆上的電視螢幕，裡頭播著《臺灣演義》，來派工站的無家者們最愛的節目就是《臺灣演義》和《藍色蜘蛛網》，背景傳來演員親痛仇快的臺詞，搭配文叔閒聊的音量。

女人走後，我見文叔還想找人聊天，便坐到他身旁，聽他談起自己的故事。文叔是派工站老班底，一週六、七項工作，他至少會參加三次。本該是步入退休的年紀，卻是文叔開始穩定邁入勞動市場的時機。他說自己喜歡有工作的感覺，工作讓他感覺重新融入社會，得到尊重和接受。

談起年輕時的故事，文叔語氣半是嘲諷半是怨。他老家在南部靠海的漁港邊，他國小畢業十三歲就出來賺錢，在餐廳洗碗。「以前脾氣差，動不動就吵架。」還有次和人爭執，把機車騎進對方店鋪擋住去路，警察來了，文叔被抓回去做筆錄，以恐嚇罪被移送。最後判妨礙自由，關了二個月。

一九八〇年臺灣風行以愛國彩券為基底而衍生的大家樂，業者為了促銷彩券花招盡出，最常見的像是「持尾」——只要買家手中票券的最後兩個號碼，與第一特獎末兩個數字相同，就能得獎。三十出頭的文叔跟上這股風潮，機會也在這時上門。「我拿八十萬去賭，中了五百多萬，扣掉本金，利潤四百萬，當年一間房子只要一百二十萬，你看四百萬有多大。」

年輕時的文叔對未來還沒有太多規劃，一夕有了不勞而獲的豐收，正巧家裡附近的里長和人合夥開的一家砂石場想轉手，便問了文叔要不要接。文叔沒想太多，機會臨門，他順手抓了一把，一口答應。四百萬這一桶金讓他轉身成了砂石場老闆。

他們在河道上盜採砂石，做無本生意，「當年一米砂要價五百多元，一個月能挖十幾萬米。你看這錢來得多快。當老闆又只要出一張嘴，不用下去做，不流一滴汗，賺錢都不知道什麼叫辛苦。」

創業似乎是文叔這年紀的人共通的特點，和文叔年紀不相上下的老張哥，退伍後也和朋友一路打拚到自己開工程公司當老闆，落魄時也和文叔一樣，流浪到臺北車站。「當上班族賺不了錢啦。」老張哥瞇著眼笑：「我們那一代，創業很容易，進入的成本低，雖然風險一樣高，但是你賭一把，贏了，都是你的。年輕這一代就沒這種機會，創業成本高，而且很多位子早被占去，卡死了。」

砂石場發展迅速，曾有朋友問文叔要不要一起往南開拓疆土，他思忖家人朋友事業全在北部，換個地方從頭做起，有太多放不下。他婉拒了朋友，「結果人家現在事業還在，做得多好。哎呀，當年要是跟他去，現在可能都不一樣。人生不是沒給過我機會，但我就是錯過了。」

在砂石上賺到的錢，文叔轉投資到賭博電玩去，他的電動間開在西門町武昌街和漢口街的交叉口上，對面一家夜巴黎舞廳，現在只剩樓房梁柱，和一樓鐵捲門上的塗鴉；附近的日新威秀影城已歇業，看板停留在二〇二〇年上映的好萊塢動作片，一臉強悍的特工無聲地盯著來往行人。

彼時一個進口機臺兩百萬，最熱門的是賽馬遊戲，五隻馬在上頭，文叔邊說邊揮著手比劃，眼裡有電動機臺的霓虹。他們的電動間和當年電玩大亨周人蔘打對臺，「他來問我要不要合作，我生意比他好，幹麼合作？各幹各的。」文叔一口回絕，後來電動間遭人檢舉，「店被抄了。」倒是對手周人蔘，數十家電動間總能躲過查緝，多年後才知周人蔘買通不少警局和檢察官，因此能坐擁電動帝國版圖卻與檢警相安無事。一九九六年周人蔘行賄案爆發後，涉案檢警近四十人，成為臺灣史上最大貪瀆弊案。

熱錢氾濫的年代，「我不誇張，一個月賺五十萬。」文叔帶著江湖口氣說他當年買了上百萬的滿天星勞力士，有次去高雄找朋友喝酒，喝醉被載到山上搶了身上現金和錶。他也曾買了九兩重的金項鍊，「跟油條一樣粗，約會時就戴。戴久脖子也會不舒服。」

事業風光的那幾年，盜採砂石之處正醞起一樁抗爭。為了興建二重疏洪道，當時的省政府強制拆除五股鄉（現改名五股區）洲後村，引發居住在當地逾兩百年的村民起而抗爭，在尚未解嚴的年代，這場抗爭吸引大批媒體關注，時任總統的蔣經國拍板緩拆，在蘆洲規劃灰窯重劃區，以每人五十坪土地的交換條件將村民遷往蘆洲，洲後村從此在地圖上無蹤。當地居民信仰中心，主祀池府王爺的忠義廟也跟著搬遷到新址。彼時曾有媒體評論，這場迫遷，恐怕是導致蘆洲地區政治傾向由藍轉綠的源頭。

隨著二重疏洪道竣工，工作平臺船無法隨意進入河道，砂石場漸漸做不下去，能變賣的全變賣了，現金周轉不來，矗立在空地上的機器伸長了細瘦的手臂如鬼魅亂舞，讓文叔心裡發毛。

風光的日子翻過一頁只剩荒涼，他曾爬上破碎機望著下方的黑洞，準備縱身跳落，但三個孩子都還不足十歲。文叔掰了掰手指。「想到小孩沒人養，我就下來了。」

沒了生意，文叔吃老本度日，手頭的現金花得差不多後，和老張哥一樣，文叔走到臺北車站待了下來，從零開始學習怎麼過日子，把作息調整成與車站同步。無家者的一日，有太多獨處的時光，可最難相處的就是自己，文叔在街上蹓躂時腦子裡總會亂想，想著怎麼把自己搞成這副模樣，文叔瞪大眼，神情難得嚴肅地盯著我：「像是要發瘋。」在臺北車站的北側睡了兩年，有天文叔碰到認識的老朋友。以前當老闆風風光光，現在在街頭流浪，文叔說他不知道怎麼面對昔日友人，「趕快搬到西側去睡了，免得又碰到。」

「人會變成怎樣都是自己造成的，我現在都在反省我自己。以前要是知道，錢就不會亂花，會好好規劃儲蓄。」文叔瞇眼苦笑。

漫無目的地過了兩年多，一年年末，他參加了臺北市就業服務處舉辦的「年節臨時工作專案」，做了十天臨時工。那十天讓文叔從此對工作上了癮，二〇二〇年他到臺北車站應徵「城市引導員」，舉著寫滿文字的看板站在東一門和東三門附近指引民眾方向。一週工作五天、一天二個半小時，日薪五百，吃飯、買涼水的錢全都有了。他的雇主是臺北市政府，還算沒有虧待他。

開始工作後，文叔終於停止胡思亂想，不再反覆咀嚼當年如果做了其他選擇，人生是不是就不會走到現在這副模樣。他存錢、租屋，離開街頭。二〇二一年一月，文叔開始到饒河街夜市打工，一週四天，擺攤賣吃食。他還兼做清潔，偶爾有其他派工機會，他也搶著去，在派工單裡的好幾個工作選項旁寫上自己的名字，打掃、搬家，樣樣都來，就算得透早到離家半小時車程的地方上工，文叔也照樣不放過，再多的勞苦都覺得與有榮焉。他現在腦袋裡裝的全是數字，換算著工時和工資，取捨出效益最大的那一個。

派工站的人大多聽過文叔自誇身體好，「硬」的工作照樣扛得住，絲毫不輸年輕人，不是無用的老頭。囤積嚴重的家屋，一次清潔能用掉好幾包一百二十公升容量的垃圾袋，堆疊出小山般的廢棄物，但和文叔一起工作時，總能看他一手抓一包，把垃圾搬到臨近的清運點等垃圾車來載走。廢棄的床墊，他也能雙手一拉，一人拖行好幾百公尺，踩著拖鞋的腳絲毫沒有凝滯。有次我跟在他身後，想出手幫忙，還被文叔喝斥別插手，擾亂了他的節奏。

面對勞動能力不如自己的人，文叔也不隱藏自己的不耐和厭煩，一臉鄙夷，當著對方面說：「我逐擺佮伊鬥陣做，頭殼就捐咧燒啦。」文叔這脾氣有人愛有人恨，愛他工作俐落，恨他嘴上不饒人。

聊到一個段落，文叔挪了挪身走出派工站，襯衫上的小碎花隨著步伐左右舞動，文叔繞到巷口外的便利商店，回來時手中多了兩罐能量飲料，他順手遞給我，「請你，毋免客氣。」喝完飲料，文叔揮揮手說他要回去了。他習慣每次工作結束後，會在派工站裡待上半天，和其他人閒聊一陣，享受完喧囂，再特意搭巴士繞一段長長的路，拖延回到租屋處的時程。

問他怎不回去休息，躺在自家床上好過趴在派工站的桌上，他撇過頭說屋裡只有他一個人，三個孩子十多年沒有見面，孫子更是從出生至今都沒帶來讓他瞧上一眼，過年過節孩子只會把紅包壓在房東那，請房東轉交文叔，他連孩子的電話號碼都不知道，「只有房東知道，房租是小孩幫我出的，租約是房東跟他們簽的。」回到家裡只有一個人，一室寂寂，丁點聲響都像瓶罐擲入空桶那般劇烈，回音刺耳，不如不歸。

文叔信仰透過勞動來自助、獲得成就，甚至改變生活，這一組概念也在一般人心中生根。派工站總不乏有業主主動提供工作機會，「倡議捐錢或供餐給無家者，很多人會遲疑，覺得無家者好手好腳幹麼不工作。但是提供工作機會給無家者，很多人會覺得：『這些人就是要工作啦，給他們工作就是給他們機會。』反而很踴躍。」小傑也經常聽見委託的業主一邊監督工作狀況，一邊半稱讚、半教訓地對無家者們說：「我看你好手好腳的，工作也做得俐落，之後就可以去找一份工作好好賺錢過生活啦。」反覆宣揚工作倫理精神。

工作倫理精神同樣隱含在反貧窮的政策中，讓人必須先「自助」，直到窮途末路，再由國家介入。制度上，社會福利的門檻限制了「可以接受救助」的資格，要想擠進這道福利的窄門，首先得已落到夠老（超過六十五歲以上）[5]、夠窮（財產限制）、夠孤家寡人（沒有扶養人）的地步，才有機會得到國家資源。而在窄門之前，被認定有工作能力的貧窮者，得先靠自己勞動所得來過活。

5 在和社工訪談的過程中，經常能聽到「虛擬所得」這個名詞。「虛擬所得」指的是十六歲以上、未滿六十五歲，屬於法定「有工作能力」之範圍的人，即便無業，也會在計算家庭所得時，認定此人有工作收入（通常以各職類每人每月平均經常性薪資或基本工資核算）。

「虛擬所得」的立法理由預設「工作倫理價值」，說穿了就是「屬於法定工作能力範疇的人，就能靠一份薪水養活自己且住得起房子，不要靠政府扶助」。各國反貧窮的制度裡也多少能窺見工作倫理價值的痕跡。一六〇一年英國的濟貧法案，可以算作政府最早出手干預濟貧政策的成文法條，它在實務運作上便是將「有工作能力的人施予訓練」，不去工作，就以「不給救濟」作為懲罰。

而時至今日，這一精神依舊無法擺脫開來。受訪的社工批評，「虛擬所得」這樣的觀念源自一九八〇、九〇年代的「臺灣經濟奇蹟」，彼時戰後快速工業化、就業率相對高、創業成功率高，社會信仰黑手變頭家的傳奇故事。更不用說當時所得分配相對平等、房價相對低、戰後嬰兒潮還在中壯年，還沒有少子化、產業鏈大舉外移的結構性失業。在那樣的背景下，認為個人靠努力工作取得收入改變生活甚至階級流動，都是有可能的。

如此的制度設計，忽略了每個人不一定都擁有同樣的勞動條件，像是身心狀況相對較差的人，所能選擇或能負擔的工作勢必更少，工作的效率和能力也稍嫌不足。小傑曾接到一個簡單的清潔零工，只要用清水將器皿沖洗一輪即可，業者以按件計酬方式支付薪資，洗得越多領得越多。但即便是如此單一的工作內容，接受派工的無家者依然可以從白日洗到天暗都還沒完成。眼看業主即將來取件，急得小傑出手幫忙。理解與不解同時在小傑腦內打轉，讓他只能大嘆一口氣：「這應該夠簡單了吧，怎麼還可以做成這樣……。」

另外若是高齡的無家者，同時還得面對因露宿街頭，長期休息不足，體力難以恢復的困境，「每天早上五點多就要起來，不起來，車站管理員快七點時會來叫你。但晚上睡覺時，旁邊喝酒的、打架的，吵得你難睡。每天都睡不飽，很累。」睡在車站，一樣做舉牌工作的無家者跟我說，人在外，老得特別快，體力也特別差，他已努力工作，派報公司的老闆叫他多做幾天，「不是我不要，是身體受不了。」舉牌一站就是一整天，這工作叫人精疲力盡，賺的錢卻只夠活命，而他已經盡最大努力。

「就算是像舉牌這樣門檻相對低的工作，但一個人如果身體狀況不好，拖著身體去上工，也是充滿著風險，工作上任何一個意外，都可能讓他狀況更往下掉。」小傑理解地點點頭。工作能力高低，同時也殘酷地讓一個人的生存條件M型化，零工媒合上路一年多，原本派工站希望來委託工作的業主可以為提供勞務的成員保勞健保，「有些長期合作的單位願意負擔勞健保，但有些一次性合作的業主不願意，他們覺得太麻煩了。」小傑說，一直到二〇二一年五月，派工站內部才達成共識，提供參與派工的成員們勞健保，但前提是平均每月工資超過兩千五的成員才會給予投保，「否則我們投保的金額比他賺的薪資還高，這也是有點說不過去嘛。」「投保」條件明顯出現一道門檻，「能不能去工作，能做多少工作，都是一個篩選機制。」小傑深刻體會這一門檻的殘酷，即便派工站期待對任何人敞開大門，但能夠使用服務的人依舊有限。並非每個人都跟文叔一樣還保持一定的健康，能俐落地完成工作，而無法穩定付出足夠勞動力的人，收入與保險都雙雙矮人一截，只能在更糟的處境裡兜圈子。

這些不符「合格勞動力」標準的人，一再從勞動市場中經歷挫敗，其中不乏有人選擇放棄「自助」，以最低限度的勞動來過日子。小傑發現有陣子派工站來了幾個三十歲上下的壯年人，對工作，或者說對生活表現得興趣缺缺，派工時也提不太起興致，大多時間坐在派工站看電視，或是玩手機遊戲。

「像有一個年紀滿輕的成員，他就會覺得沒有什麼動力，生活過得去就好，所以只要賺到足夠生活的金錢，他就不做了，不會很積極。但他也不會麻煩到別人就是了。」小傑想起曾經有個這樣的人物出現過，雖然努力工作但僅維持基本生活狀態，也沒有動力脫離街頭，至於這份消極從何而來，小傑也問不出個所以然。

那陣子派工的會議上，積極工作的勸世派總會叨念著這些消極謀生的厭世派，前者要後者別老挑三揀四，有工作就要去；後者則會忍不住譏諷：「那是你們年紀大沒得挑，才什麼都接。」

面對這樣的激辯，小傑和其他夥伴也曾討論：「當一個人還沒準備好工作，或者自主選擇不工作，難道不可以嗎？」

對立的價值沒有終局的對錯，這些疑惑總在派工站的工作人員心頭反覆來去。只是疑問總被現實裡的庶務輾壓，辯論便懸置在彼此腦中某個角落，等一段時間又再次跳進議程裡激辯一番，接著懸置、再激辯，「然後遇到有成員每天過得渾渾噩噩，或對工作挑三揀四，我心裡第一直覺也會想說：『有得做還不快去，還在那邊給我挑。』」小傑苦笑著說。

實際上憑藉個人努力，幾乎無力改變社會結構造成的貧窮，差別只在於貧窮的程度。當我們把目光移到年齡層較輕的族群身上，會發現大批工作貧窮的青年勞工，和中壯年入不敷出的受薪階級，正逐漸成為老齡貧窮後備軍。

即將屆齡退休的老朱，習慣不時查看自己勞退個人帳戶，試算兩年後到達退休年限，每月能領回多少勞保、勞退金，這筆錢夠不夠生活。「現在算，我退休後一個月大概有二萬六吧。還好我住老爸留下來的房子，沒有房貸。」但兩個稚子尚幼，全家靠他養，老朱只能盡量不往後頭想，怕想了只是添憂愁，他只敢往好處去猜，「到我退休那時，勞保勞退應該還會比現在多幾千塊吧。」

老朱是港口工人。重工業林立的灣區，晴日看上去也總像蒙了陰霾，剛結束輪班的碼頭工人，身上粗布灰藍襯衫已被汗溼成深色，露出的皮膚像烤魷魚般黑裡發紅，聞著也頗有烤魷魚般鹹中帶一點腥甜。跨在機車上猛催油門的工人，一邊像想起什麼似地鬆開龍頭，從前方置物籃撈起一頂西瓜皮安全帽往頭上一闔，鑽進了貨櫃車的車陣裡頭。

港邊路面總坑坑疤疤，貨櫃車走得頻繁，有的像發出低嗚的龐然大物一下遮蔽了南臺灣扎眼的日落，駛過路面高低差時，發出哐啷一聲轟天巨響；有的是卸了貨，只剩短短的車頭拉著如新娘白紗那樣長長的板車拖尾緩緩轉出碼頭。貨櫃車揚起漫天沙塵，後頭接著灑水車幫著把塵埃落定。

風裡有腥味與鹹味。圍繞港口的機電維修、冷凍設備工廠冒出電鍍的火花，做電纜的廠房外是兼賣烙餅的攤。一間金紙店提供船用的金紙香案，巷子裡的廟埕兼營印尼和菲律賓商店，廟門廊柱旁擺了菲律賓的紅白藍三色國旗，標註「Pinoy」商店（菲律賓人自稱 Pinoy）。

碼頭管制區裡塞滿了紅、藍、綠、黃的貨櫃，堆高機熟練地鏟起一座貨櫃，一個側倒車再轉身，貨櫃穩當地移了個方位。

貨輪上的吊車掛著一束鋼條緩緩下降，底下幾個裝卸工伸手拉著降至面前的吊繩，鬆開鋼條。不遠處另一批人在板車上爬高伏低，將板車上的貨物捆嚴實，再讓吊車把東西拎走。龐然船身旁的工人只剩剪影，像皮影戲的人偶勤快地舞動。

老朱和四個工人剛下工離開港口，我們約在附近十字路口邊的露天泡沫紅茶店，幾個人圍坐一圈，老朱把玩著手邊的菸灰缸，一語不發望著川流的大路口吐著煙圈，他身上的淺藍粗布衫早褪色，更襯天空那抹灰。

在海灣的碼頭工作了十二年，還差兩年，老朱就退休了，但兩個孩子一個才國小、另一個剛上幼兒園，正是花錢的歲數。他突然談起專科畢業時，校長的致詞，「他說我們都是牛，未來娶妻，妻子就是牛車；生了孩子，孩子就是車上的重擔，有幾個孩子就有多少重擔。你就是那頭牛，必須得拖著車往前走。」如今他感覺老校長當年說出了至理名言，他合該是頭牛，「走不動都要走，做到眼睛閉上為止。」

老朱剛進碼頭工作那時，已是景氣最差的日子。一九九八年後碼頭工人僱用制度合理化上路，裝卸業務開放民營，一下湧入十四家業者搶食這塊大餅，過度開放後導致惡性競爭，自此裝卸工人的保障大不如前，薪資結構更是每況愈下，勞動生產交換來的價格早低得不成比例。

老朱屬於技術工人，底薪四萬，再加上噸數獎金、加班費，勉強能有五萬多的月薪，但一九九八年以前，技術工人月薪可到九萬，如今薪水差了一大截。其他徒手裝卸工更慘，底薪不到基本薪資，靠加班費和獎金勉強能掙個三萬八[6]。加班費還是用噸數獎金計算，鐵材一噸的獎金是六元，加班超過四小時得給一．六六倍薪資，「就是六乘以一．六六，給你八塊錢。」

6 虞伯樂，《全球化脈絡下高雄港埠民營化對工會重構影響之研究》，博士論文，國立中山大學中山學術研究所，二〇〇六。

日治時代高雄港裝卸業務由「臺灣運送興業株式會社」經營，一九四九年高雄港務局成立「棧埠管理處」，接手裝卸業務和碼頭工人管理。管理處設置了碼頭工人訓練總隊，再依工作性質分為陸上、海上兩大隊，各自下設隊長、班長，幹部由工人選出，負責工人派工。而原本已有的碼頭工會也成為正式組織，作為碼頭工人的共同管理者和勞資對口。不過棧埠管理處和工會雙軌管理方式，也導致港務局與碼頭工人的關係相當曖昧，港務局拒絕承認與碼頭工人屬僱傭關係，認定雙方僅有管理和訓練的權責。八〇年代港埠民營的討論正盛，最後以裝卸業務民營先行。一九九八年碼頭工人僱用制度合理化，同時開放裝卸業務民營，工人轉由民營業者聘僱。

民營業者為了削價競爭，一噸的裝卸費用是一百到一百零五元之間，後來降到五十至六十元。為了彌補削價的利潤差，勞工薪資首先遭到調整，徒手非技術性工人過去平均月薪六萬六千元，調整後剩下三萬八千元。

老朱把玩著夾在食指與中指間的香菸，冷笑一聲。

碼頭工作辛苦，等著船入港，一等就是半天，只能枯坐，但荒蕪的等待卻不算在工時內，終於盼來船舶入港，一做就是十幾個小時。「天氣熱、東西重。被砸到就是骨裂。」老朱偏頭用下巴點了點身旁另一個粗布藍襯衫工人，那工人被掉下的鋼筋砸中，在醫院躺了一個月，之後再也不能做第一線的裝卸。「老闆會怕，怕你出事他要賠。」只能撿些風險低的活來做，雖然相對安全，但薪資也少了點，只剩三萬出頭。

工作辛苦薪資又不成比例，碼頭留不住年輕人，老朱身邊都是和他差不多年紀，早過了中年轉不了職的碼頭老兵，年輕一點的也有五十好幾了。嘴上抱怨工資差，但是又奈何，老朱原本待著的鋼鐵公司，曾經是臺灣五十大企業，一九九八年遇上亞洲金融風暴，鋼價大跌，公司面臨庫存壓力，同時又被銀行借貸利息壓得喘不過氣，加上老闆涉嫌賄選潛逃出國，最後公司負債百億。

接手的子輩斡旋欲將公司轉賣中鋼，本來期待接手的鋼鐵廠能承接老員工，但最後三百多個工人全數資遣，想進中鋼旗下，就得重新參加招考，「我都一把年紀，畢業多久了，還去買參考書，跟年輕人一起應試。」老朱沒好氣地說，當年只招聘十一人，去了上百人，他到現在都記得自己考了第九十二名，拚搏一場，依舊是沒能擠上榜。「我等於中年失業，只好去碼頭開堆高機。」

中年失業何止老朱，八〇年代臺灣開始面臨產業升級壓力；九〇年代中末期，臺灣捲入資本全球化的浪潮，企業競逐更低廉的生產成本，將產線移至海外。幾波趨勢下，島內企業有的轉型失利，有的在移動之中掏空母公司，導致關廠、惡性倒閉頻傳。

一九九五年，島嶼彼端的臺北縣（現更名為新北市），東菱電子廠一夜跳票二十九億，隔年二月，工人上班時才知道公司已惡性關廠，老闆積欠八百多名員工薪資、退休金與資遣費，人卻消失無蹤。同年八月，位於桃園市，經營超過三十年的聯福製衣廠無預警宣布將關廠一年，引發員工反彈[7]。

一九九六年底，東菱電子一百多名員工成立自救會，和全臺各地惡性關廠後遭積欠薪資的勞工們共組「全國關廠工人連線」，追討被拖欠的薪水和退休金。

7 過去臺灣以加工出口產業作為全球代工生產線的一環，滋潤了像是東菱電子等，透過政府提供優惠而扶植的策略產業。只是當全球遭遇七〇年代石油危機，加上經濟不景氣、消費力衰退，過去的代工生產面臨尋求更低端的生產成本，或是轉型的壓力，紛紛出走東南亞、中國大陸，或升級製作高端電子產品。當年的東菱電子也從最初生產三十多種機型的錄音機，外銷超過二百五十萬臺的全盛時期，走向轉型製作電腦顯示器。九〇年代初，東菱開始代工生產十四吋電腦監視器，同時陸續自行開發十七吋以上產品，但最終卻因轉型失利，無法再創當年的外銷榮景。一九九五年，東菱電子一夜跳票二十九億。

另一邊聯福製衣的三百多位員工則是不滿資方承諾發薪又跳票，帶隊前往桃園縣八德市（今改名桃園市八德區）的永豐路平交道鐵軌上靜坐抗議。這麼一坐，永豐路和緊鄰的臺一線交通因此大亂，中壢與桃園嚴重壅塞，大路成了停車場，車燈閃爍綿延四公里長。

彼時臺灣的退休金制度主要是由雇主根據該年度預計退休人數來提撥一筆退休準備金，再支付給退休的勞工們。工人能否拿到退休金，端賴雇主的良心。那幾年不少惡性關廠倒閉的案例，倒閉時資方不僅抵押廠房、土地，還積欠薪資、未提撥足額退休金。許多工作一輩子的勞工最後一毛都領不到，只落得和老朱一般的中年失業，老闆則是捲款逃出海外，人再也找不回來了。

老朱還算幸運，當年鋼鐵廠還有三百多名老員工，總資遣費發了八千多萬元，他也領了一筆補償金。只是老朱手上雖有點積蓄，但接著遇上母親中風，父親胰臟癌，看病、治療又花去大半。他在碼頭重新開始，年過半百才娶了當年照顧父母的外籍看護，有了兒子。知道妻子懷上第二個孩子時，老朱一顆心都沉到胃底，感覺生活像是還不完的債，永遠都在為了錢焦心。幾個工人仰頭吐煙圈，一邊納悶：「我們薪水被壓低，東西的成本也變低，那怎麼消費還越來越貴？」

薪水成長比不上物價飛漲，拮据的實感也反映在數字上，一九九一年到二〇〇〇年，主計處統計臺灣的平均薪資年增率還有百分之五・六二，加薪仍是常態。二〇〇一年開始，平均薪資增長率銳減至百分之一以下。二〇一三年的經常性實質薪資是四萬零九百二十二元，此後一路下跌，再也沒超過這一天花板。直到二〇二〇年，才終於攀回四萬一千五百三十八元這數字。老朱遇上資遣、轉職的時刻，正是臺灣走向薪資零成長的起點。通貨膨脹加上薪資成長停滯，「家庭收支調查資料」裡的趨勢顯示中間階級（中薪行業和技術工作）家庭的抗貧能力正逐漸降低，不屬於貧窮範疇的人們也正在被匱乏感侵蝕。

日常必須錙銖必較，但薪水付完吃穿用度，孩子的學費、補習費後，總還是差一點，老朱只能拿老本來貼，「不知道能貼多久。」他苦笑，最近大兒子想要臺腳踏車，他只能先唬過去，說考試成績漂亮再買，「萬一真的考很好，那也只能買，說到要做到啊。」

老朱說他最擔心的是孩子的學業成績，他不想孩子長大和他一樣只是個工人，唯一出路只有教育，憑著學歷去找份好職業，過上好日子[8]。每日上工前，老朱先載孩子去學校，下午放學就交給補習班去接，大考的試卷老朱也會一張一張檢閱，盯著上頭紅色的分數，盤算兒子這場

8　根據中研院社會所研究員林宗弘對臺灣後工業社會的階級研究，一九七〇後出生的世代，教育年限所帶來的階級流動機會正在萎縮。

廝殺又戰勝多少人。二〇二〇年新冠肺炎疫情讓學校停課好幾週，改成遠距線上教學，「我老婆是外籍的，看不懂他的功課，我就請假十幾天在家陪他線上上課。」主管憂心老朱十多天沒上工，等於一個月沒有績效獎金，「我說沒辦法，我就當這個月送給老闆了。」

同樣著淺藍粗布襯衫，坐在老朱身側抽著菸的大陳，在碼頭工作的日子是老朱的一倍，他也有兩個孩子，剛讀大學，「學費、零用錢給一給，薪水就沒了。不夠的地方只能用保單借錢，借了十幾萬。房貸還有一年才繳完。」帳單如暴徒般準時在每月初來到他家大門，孩子雖成年，但他不敢想未來有所依靠，「現在年輕人薪水那麼低，我們不要拖累小孩就好了，還指望他們養我？這我不敢想。」

生活裡總有被掐緊咽喉的匱乏感，老朱和大陳一夥感覺自己早已勒緊褲帶，卻還僅在勉強糊口的邊界游移，一個意外都能讓他們陷入困境。雖無法被定義為社福體制裡的「貧窮」——有些人的薪資甚至還高於平均薪資中位數——卻時時在為帳單煩心，繳完信用卡費的銀行戶頭，只剩幾百元現金。邁入月底的日子裡，必須精密計算每日的支出，避免下一個發薪日前透支。

一群人在落日裡只剩暗色剪影，偶爾香菸星火燦爛，他們只能將生活的拮据歸咎於自己的不夠努力，以及學歷、技術不如人，因此才只有這麼點勞動所得。「但這解釋方式，其實是過於簡單粗暴地把時代的悲劇歸咎成個人問題。」多年來研究勞動政策的文化大學勞動暨人力資源系專任教授李健鴻指出，二〇〇八年金融海嘯過後，過去古典經濟學強調薪資由市場供需作調節的那套理論體系早已不再適用，劇烈的貧富差距成了政府得出手干預市場的燃眉之急。

根據統計，金融海嘯那年，臺灣家戶所得後百分之二十的家庭，可支配所得約三十萬，十年後僅成長到三十四萬多。且薪資平均縮水近四成，非勞動所得減少三成，即便是中間階級，薪資雖成長了百分之五，但非勞動所得一樣少了三成；相較之下，最高所得的百分之二十，二〇〇八年時的可支配所得為一百八十三萬，金融海嘯十年後上漲到超過兩百萬，且不僅薪資成長百分之十，非勞動所得也成長百分之五。窮人與富人間財產所得一增一減，拉開了彼此的距離[9]。貧富差距並非臺灣特有的現象，以美國為例，金融海嘯後中位數以下的美國人只分到百分之〇・三六的財富。

勞工拚命工作，但收入卻是原地踏步，還被飆漲的通膨吃掉。加劇的貧富落差成為各國必須拆除的危機，不同國家也紛紛提出薪資政策以減少「低薪勞工」問題。但在臺灣，卻仍舊信

9 楊卓翰，〈6張圖表證明：每經歷一次重大災難，貧富差距就擴大！〉，《天下雜誌》，二〇二〇年六月二日。

奉市場自我調節，政府不該干預過多，導致「工作貧窮」的現象不斷攀升。

「目前經濟合作暨發展組織（ＯＥＣＤ）國家把『低薪勞工』定義為：月薪低於勞工薪資中位數三分之二的，便屬低薪勞工。」若概略以二萬八千元作為低薪勞工的標準，二〇二一年臺灣大約有一百三十萬勞工落在此範疇裡。

而在臺北市，二〇二一年家戶所得平均後，每人每月收入低於二萬五千二百四十一元，便屬中低收入戶，這一數字，已逼近低薪勞工的薪資。廣大工作貧窮的低薪勞工，游移在社會救助的邊緣地帶。

為了解決工作貧窮議題，各國的薪資政策也對準這群工薪階級。綜觀亞洲鄰近國家，李健鴻以新加坡為例，二〇一三年新加坡鼓勵雇主加薪，將月薪不足全體薪資中位數的勞工加薪到中位數，「其中加薪的四成由政府負擔，六成由雇主來提撥。」第一期實施成果約二十萬勞工受惠。

歐洲則以奧地利為首，開始要求公司內部薪資透明化，公布各性別勞工在相同職務與工作負擔上所得的薪資。薪資攤在陽光下後，相對低薪的勞工能要求公司說明造成差距的理由，勞工若不接受資方說詞，也可再向政府提出申訴。

薪資透明的方案可藉此造成企業內部壓力，來拉高低薪者的薪資水平，「而且政府財政負擔不用加劇，這真的很聰明。」李健鴻笑談這項政策在歐洲各國間漫溢，七個國家跟進，歐洲議會商量多時後，也在二〇二三年四月通過決議，要求會員國企業落實薪資透明。

不論西方或東亞，減緩工作貧窮已是政府核心任務。但十多年過去，「低薪勞工」在臺灣卻仍是陌生的概念。因此討論「貧窮」議題時，除了社會救助以外只剩失語，導致眼見與感受到的真實，與社福統計數字不相符。而同樣的政策企圖想搬到臺灣，「我光是提出來，不論官員或業界，都是一堆反對。」

即便金融海嘯凸顯了貧富差距，主計處每年公布的所得五分位，最高一級與最低一級的差距倍數越來越高，二〇二〇年最高百分之二十的家庭每戶可支配所得為二百一十七萬六千元，最低百分之二十家庭則是三十五萬五千元，高低所得差距六．一三倍，但多數政府官員與學者仍深信不該以政策干預市場，也鮮少透過政策來弭平低薪勞工的差距。

政策的退位讓勞工再怎麼努力也始終相對貧窮，同時背負物價上漲的壓力，又被排拒在社會救助的窄門外。

社工大旺曾和我分享一個令人背脊發涼的故事：有天他在社會局的辦公室裡接到一通通報電話，民眾發現一位坐在輪椅上的老人，已連續多日待在騎樓的同一處，看起來像是無人照顧，因此趕緊通報社工幫忙。

「我們接到後就先緊急將老人安置到養護機構。後來調查發現，老人有個五十多歲的兒子，兒子雖然月薪逼近六萬，但離婚後要養兩個小孩又有房貸，再加上一個行動不便的父親要照顧，自己也很吃緊。」

一家人住在老公寓的高樓層，沒有電梯，兒子又礙於體力衰退，自己無力把父親搬上搬下樓，若要送到長照照顧，「北部的養護機構，一個月四萬起跳。等於他薪水三分之二都要拿去付。小孩學費、房貸都別想繳了。」兒子想不出辦法，最後只得把老父放在輪椅上，擺在騎樓，每天固定餵飯。

社工後來聯繫上兒子，商量一陣，最後擬定以分期攤還的方式支付社會局緊急安置的費用，這才讓案子告一段落。但大旺自己也已冷汗涔涔，他在服務現場看過不少薪資無法支應生活與照顧費用的人，這些個案的收入甚至高於低薪勞工，卻仍被生活裡的各種帳單威逼到走投無路。

大旺算了算自己和老婆的薪水，再算算孩子與父母逐年攀升的照顧費，只覺得薪資成長停滯，但生活支出攀升的時代，眼前的個案與自己的身影逐漸疊合，入不敷出好像是必然發生的未來。也許他也該像頭牛，做到闔眼，才有辦法應付生活。

收入落在薪資中位數的勞工尚且如此，後百分之二十所得的家戶邁入老齡是怎樣的光景，讓人不敢想像。根據主計處統計，後百分之二十所得的家戶已連續十年負儲蓄，根本沒餘裕規劃老齡退休生活，更不用說努力工作就能在退休後過著安定生活的時代早已遠去。尤其二〇〇五年勞退新制上路後，勞保老年年金遠少於過去舊制的金額[10]。二〇二二年的勞保統計資料，一百五十九萬請領勞保年金的退休勞工中，高達九十八萬的人月領不足二萬，十七萬人月領不到一萬；而根據二〇二〇年衛福部公布的全臺各縣市平均最低生活費[11]則為一萬三千二百八十八元，到了二〇二三年成長為每月一萬四千二百三十元，生活支出最高的臺北市，則需要一萬

10 二〇〇五年東菱電子廠抗爭劃下句點。同年原本由雇主提撥保險金的勞退舊制出現大幅度修法，朝「雇主提撥退休金至個人帳戶」的勞退新制邁進。過去的退休金制度，僅由雇主提撥退休準備金，一旦遇上資方惡性倒閉又欠薪跑路，勞工只能落得血本無歸；另外勞工要能請領退休金還有一堆條件限制，像是年資需滿十五年才得以請領。但臺灣中小企業平均壽命十三年，許多人還撐不到可請領的年資，公司卻早已灰飛煙滅。勞工能否領到退休金充滿未知變數。
對於退休金改革的呼聲高漲，執政的民進黨提出相應對策。彼時的立法院公報裡記載，勞委會（現已更名勞動部）主委陳菊信誓旦旦地說，相較於舊制存在的風險，端出來的勞退新制，設計成按月提撥一定金額到勞工個人帳戶，即便轉換職涯也不受影響，因此待勞工屆齡退休時，「一定領得到」。
「一定領得到」這口號太誘人，掩蓋了新制退休金其實遠比舊制縮水不少的現實。以平均薪資三萬元為例，若勞工同樣年資十五年，勞退舊制退休金約九十萬元，但新制退休金僅三十二萬四千元——當然舊制還存在惡性倒閉最後一毛都沒得領的風險。

11 最低生活費由中央、直轄市主管機關參照行政院主計總處所公布，最近一年每人可支配所得的中位數百分之六十，除臺灣的平均數，各縣市政府也會根據當地生活水平公布各別數字，二〇二〇年公布的最低生活費，適用於二〇二一至二〇二二年。

九千零一十三元。

縮減的退休金、飆漲的物價指數，未來只會更艱辛[12]。如果沒有其他私人儲蓄、保險或子女奉養，「安享天年」恐怕只存在於童話故事裡。唯一的辦法是持續勞動，來維繫收支平衡[13]。

聚在泡沫紅茶店的五個人裡，包含老朱在內的四個人都身負債務，為錢燒腦，被帳單追著跑已是日常。唯一過得好的那個，兒子在晶圓廠當工程師。大陳身邊還有同事用現金卡借錢繳房貸，到現在都還在還錢。「退休以後可能還要去打個零工吧，不然過不下去。」大陳瞇起眼，中年的各種艱苦最終似乎只剩一聲嘆息，大陳苦笑：「碼頭上七十幾歲都還在做裝卸貨的大有人在。大家都缺錢啊，六十五歲退休後，公司看你體力還能做，就會問要不要給公司回聘，當約聘僱，然後薪資更低。」即便勞動條件更差勁，但總比沒錢好。

天暗了下去，街燈從大路的兩側延向天邊四方，老朱和大陳等人起身準備離去，一個個跨上機車，油門一催，安全帽沿外的髮絲隨風散起，在夜裡成了幾個風塵僕僕的背影。

12 新制的給付主要以「平均餘命」來作為給付計算，假設勞工六十五歲退休，以平均餘命八十四歲來換算，每月能領到的金額是：年資累積的退休金除以二十年，再除以十二個月。而超過平均餘命的歲數便不能再領。平均餘命越來越長的前提下，攤提到每個月後，可以領到的金額便會縮水。

另一方面年輕世代延遲就業、薪資增長趨緩和非典型就業數字上揚，都讓勞工在就職期間累積的勞保有限，也同樣影響退休後能領回的金額。

13 同樣因為高齡化社會，歐洲也已開始面對高齡人口結構的問題，李健鴻指出歐洲國家這幾年以漸進式退休的策略，讓五十五歲以上勞工從正職轉為部分工時勞工，雖然薪資下降，但同時讓勞工先提早領到部分退休金，「而且約聘薪資和部分退休金加總後，不能低於正職時的薪水，藉此維持勞工的生活水平。」另外轉為部分工時後，社會保險也得維持在與正職薪資同樣的保障水平。

透過中高齡勞工轉約聘，鼓勵雇主將減少的人力成本拿去聘僱年輕勞工，高齡勞工也能在這段過渡期開始適應退休生活，及早做財務規劃。李健鴻也解釋，這政策的另一層意義在於，「不但增加就業率，同時也讓進入職場的年輕勞工可以繳各種保險，平衡社會保險的財務。」但同樣政策相當難在臺灣複製，因為部分工時勞工的勞保投保金額太低，轉為部分工時後反而難維持原本的社會保險水準。

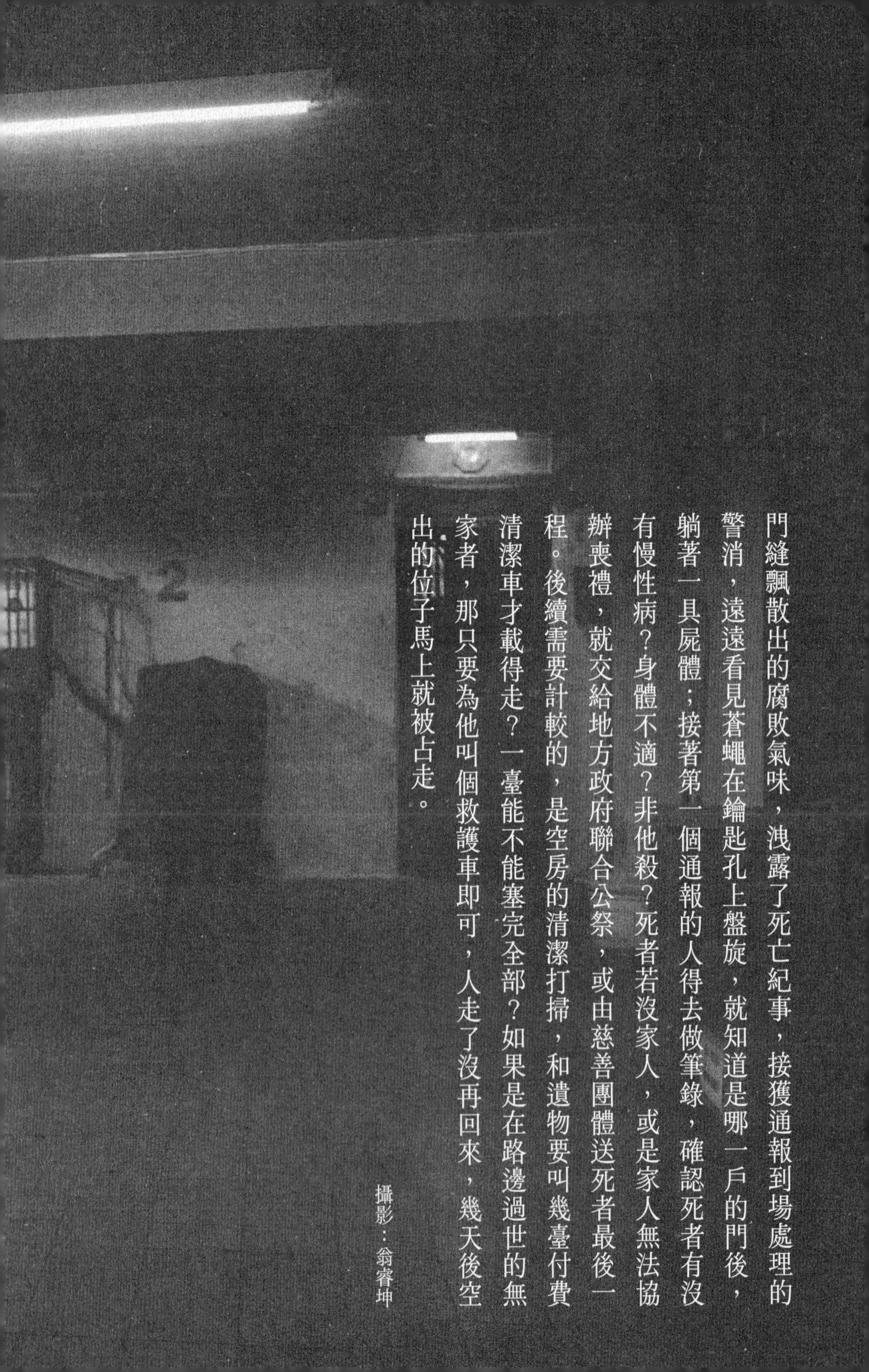

門縫飄散出的腐敗氣味，洩露了死亡紀事，接獲通報到場處理的警消，遠遠看見蒼蠅在鑰匙孔上盤旋，就知道是哪一戶的門後，躺著一具屍體；接著第一個通報的人得去做筆錄，確認死者有沒有慢性病？身體不適？非他殺？死者若沒家人，或是家人無法協辦喪禮，就交給地方政府聯合公祭，或由慈善團體送死者最後一程。後續需要計較的，是空房的清潔打掃，和遺物要叫幾臺付費清潔車才載得走？一臺能不能塞完全部？如果是在路邊過世的無家者，那只要為他叫個救護車即可，人走了沒再回來，幾天後空出的位子馬上就被占走。

攝影：翁睿坤

第九章
死亡的重量

老張哥側耳聽著電視裡的天氣預報。這幾天街頭已能感覺到冬日的冷，新聞說再過兩天氣溫還會降到十度以下，社會局早早就給街頭的無家者們發起厚外衣。出門前老張哥看了一眼鏡子裡整身暗色的自己：靛藍色機能排汗衫外頭罩著從秋天穿到冬天的藍黑色棉外套，下身是一條黑色運動褲。他想著就憑這身裝扮，恐怕擋不住車站外撲面的寒風，又想到好在年邁的阿健終於租了房子離開街頭——不出他所料，最後幫著阿健租房的是社會局，阿健的兒子僅來過車站一回，就再也沒見過了——否則大概挨不過冬天。

他從床邊一條菸盒裡胡亂抓一包菸塞進腰包，隨手帶上門時盤算著，等今天忙到一個段落後，得抽空到臺北車站附近買幾件發熱衛生衣才好。

他的房間在走廊底端倒數第三間，這樣的租屋處有個特點：一條走廊上，房門的密度特別高，每戶大約以間隔二公尺的距離排開，住戶都是像他一樣的獨居男子，小雅房裡沒有廁所，住戶共用位於走廊底端的浴廁間。

老張哥的租屋處已是我見過的幾處老齡貧窮聚落裡稱得上格局方正、環境靜幽的了，每間雅房都四四方方，走廊燈泡亮著，沒有外露的電線爬在牆上，也沒有剝落的油漆散在地上。水泥隔間的雅房唯一缺點是少了對外窗，房客多敞著房門透氣。沿著狹窄的走廊往大門走去，即便不願意，眼角餘光也會不經意地把鄰居都看個遍。老張哥瞥了一眼某間房，裡頭的住客前幾天送醫，再沒回來過。如今房間已打掃妥當，往日生活的痕跡已無蹤，又是一張白紙的模樣。惡兆藏身在潔白之下，老張哥心裡嘀咕：「旁邊那老頭過世啦。」

老張哥習慣了有人離開，有時是在房裡被發現，有時是送醫後再沒回來。第一個發現鄰居死在房裡的人得去警局做筆錄，「做個筆錄問東問西，問你知不知道這人有沒有什麼疾病？怎麼發現有異狀？很麻煩啦。」住得久的房客都有默契，感覺有異就找房東來開門，生命易碎，但可以省得讓自己成了第一目擊證人。

租屋市場歧視高齡房客，能租給老年貧窮者的房子更是難求，因此空出來的房間一打掃完，幾乎瞬時就能再出租。至於往生的長者，「這邊住的都是有社福身分的，社會局會先調查他們有沒有家人，家人願不願意、有沒有能力協辦後事。」如果沒有親屬接手，社會局也能請民間團體來幫忙送長輩一程。老張哥聳聳肩，「那些不用我們管。」

沒幾日，申請到福利身分的鍾建國住了進來，和老張哥成了鄰居。

老張哥只管生者的世界，到了靈魂的末日，便是郭志祥的守備範圍。郭志祥是社福部門時常合作的慈善團體，專門提供貧弱的個案一場體面的喪禮。

陰雨溼冷的早晨，他同樣穿了一身暗，一手插在黑色夾克口袋，一手引導身邊的人走到靈堂前。和郭志祥合作的禮儀公司十分鐘前已把靈堂布置妥當，幾個白衣黑褲的工作人員提著行李箱走到會場外，箱子裡塞著鮮花牌位。工作人員俐落地拿出金黃色的桌巾鋪在長桌上，接著是兩束鮮花、兩組香案，按部就班地擺在往生者照片旁，接著擺上簽名本，光禿的靈堂一下就有模有樣。誦經的法師早郭志祥一步到靈堂，整了整袈裟，拿起水瓶喝口水潤喉，低聲和工作人員核對流程。

「辦後事」是郭志祥的日常。一九九六年，郭志祥創辦中華民國善願愛心協會（前身為善願功德會），募集志工一起到弱勢個案家中探訪，待志工了解個案家庭狀況後，再自行決定捐助善款的金額。一九九八年起，善願愛心協會開始提供弱勢往生者喪葬服務。「看得多了，有時遇上這些個案家中有人去世，才知道辦一場喪事對弱勢家庭來說壓力多大。」經濟衝擊堪比天災意外。

善願由志工集資，為死者立香案、設靈堂，有時還由志工群湊一筆慰問金給遺屬，讓靜悄悄的死亡不再只剩孤獨。「剛開始辦喪葬服務時，我到處去跟醫院社工、社會局宣傳，很多人覺得奇怪，還說『這種事哪有請別人幫忙辦的』。」郭志祥笑著說，後來醫院等單位開始轉介個案給善願，現在一個月平均兩百五十件喪葬服務案，協會辦公室的白板上寫滿個案名稱、殯儀館喪禮廳堂，有的舉辦樹葬海葬等環保葬禮，還得註明海葬船班的時刻。

若說老張哥從街頭的落魄裡觀察被命運橫掃過的人生；郭志祥大概是在喪禮的空白處體會死者的孤寂。郭志祥經手的三千多個往生者，每一位都是一聲嘆息。他曾遇過一對年幼時因家暴而逃家的姊妹，窩在木板隔間的小套房，靠洗碗打零工維生。妹妹過世時姊姊不知怎麼處理，只能用棉被包裹屍體，待透出臭味被鄰居發現，才通知房東查看。郭志祥在協助後事時發現，兩人因未成年時便逃家，姊妹倆的身分證一直沒去換發，結果被註記成死亡人口，妹妹過世時反而無法開死亡證明，還得先「復生」才能辦喪禮。

也有低收入戶獨居老人在租屋處過世，社工請戶政單位協尋親屬，「找到失散三十年的女兒。時隔多年女兒接到父親的消息，竟然就是人已過世，要趕著辦喪禮了，女兒嚇死了，慌到不知怎麼辦。」郭志祥說，當下他們趕緊出面解釋，喪禮的棺木、靈堂、誦經等事宜，善願愛心協會都會負責到底，父親的低收入戶喪葬補助也全歸家屬，他們一毛不取，只需要家屬簽委任書，委託善願代辦即可。這才讓女兒鬆了口氣。

這麼多案量，也讓郭志祥慢慢摸索出一套喪葬協助的ＳＯＰ。現在每逢接到社工轉介來的個案，郭志祥隨即在志工群組裡貼上相關資訊，群組內棺木店老闆、花店老闆、大體運載公司和誦經師父等聞訊後立馬動起來，按部就班排好工作期程：幾時載大體、幾時布置靈堂、幾時誦經，全都有條有理。

「像這個是靈骨塔的老闆，問說個案的生歿時間要刻西元年還是民國年；這是另一個志工，說要幫忙看一下好日子，哪天適合出殯。」開啟通訊軟體的群組訊息，郭志祥邊滑著手機螢幕邊跟我解釋志工們的合作模式。我也跟著他，參加了幾場陌生人的喪禮。

殯儀館有超過十個靈堂，今天郭志祥的這場喪禮，用的是最小的靈堂，夾在車道和左手邊一個天主教儀式的喪禮之間。天主教那場，往生者是個菲律賓移工，在臺灣工作時生病過世了。往生者工作單位的同事，以及在教堂認識的兄弟姐妹們來了黑壓壓一大群人，靈堂站不下，人還漫溢到靈堂外的車道邊，路過的禮儀公司車輛和靈車不耐煩地按著喇叭，揮手要他們讓一讓。

往生者的女兒跨海來奔喪，新冠肺炎疫情期間，女兒還沒隔離完，只能坐防疫計程車到場，匆匆停留一小時後就得趕緊返回防疫旅館。

比起左手邊靈堂的熱鬧，今天郭志祥這場顯得冷清，只有幾個無關緊要的工作人員布置場地時發出輕微碰撞聲，此外既無啜泣也沒哭聲。但該有的已是周全，鮮花、道長……一樣沒少。

第一次看到大體，郭志祥說晚上回家躺在床上闔不上眼，總覺得不安。老張哥也是，在車站附近遇上路倒的往生者，心裡還沒能接受「人怎樣就這樣死在眼前」，思緒混亂到了極點，身體卻又非做出行動不可，他青筋突突地跳，站遠遠的不敢靠近，摸出口袋裡的手機撥了一一〇等著警察到場處理。街上的住民大多身體狀況差，警察探問一圈，得知往生者平常就有慢性疾病，或是酗酒、抽菸，那大抵便能斷定死因無可疑，也就用不著再讓檢察官解剖相驗。

後來見得多了，街道上有時充滿愛與希望，更多是恨與絕望，面對往生者，老張哥反倒波瀾不驚。前一天送便當時還交談過的人，聽他聲音上氣不接下氣，老張哥心裡就有底，「這人差不多了。」果然隔天便倒下，再後來，那處位子立刻補上了新的無家者。

來來往往的逝者如此多，老張哥倒從沒參加過街頭無家者的喪禮，「我每天忙得要死，哪有時間。」每天街頭上來去的新面孔占據他所有的時間，一個個案牽扯到社福、衛生系統，有的還得聯繫警政單位。「我早上去辦個事，不在車站，一堆電話一直打來，一下是有個八十多歲被趕出家門的阿婆來到車站，社工要知道她的戶籍地；一下是有人前天說好要去看醫生，今天又反悔不去，旁邊的人叫我趕快回去勸他。」老張哥在電話裡「哼」了一鼻子氣，笑罵著跟我抱怨整天雜事纏身搞得他不得安寧。

諸事繁雜，但其中工程最浩大的可謂「就醫」。車站的居民身上多有病痛，老張哥和社工得試圖延緩無家者身體惡化的速度，避免死亡來得太急促。但光是勸說就醫，就花上不少心力。

曾經有個阿姨，因為車禍導致小腿開放性骨折，骨頭刺穿表皮，送醫後緊急處理完畢，還沒等到病床，阿姨便逃出醫院，找到時人在寺廟，乞求菩薩保佑。從此阿姨反覆送醫、逃跑，最後一次是阿姨被救護車從臺中送回臺北，抵達醫院後發現之前車禍受傷的小腿，膝蓋以下早脫落，先在臺中緊急處理，接著送回來戶籍地臺北市。這次因為膝蓋以下斷肢，無法再逃跑，阿姨才進了養護中心。

也曾有無家者整天躺在花圃，想帶去看醫生，卻總推說他很好、沒事，想跟他說上兩句話，得先買罐可樂哄騙，否則說不上半句話，專責的社工曾和他對望好幾天，什麼資訊都沒套出來。好不容易建立起信任關係，但提起就醫，無家者死活不肯。有天被發現人已過世了，社工到場將個案翻身一查看，才發現背上褥瘡深可見骨，還有不少蛆在裡頭鑽動。

老張哥和我常聊著突然降臨的死亡，有種「把生命丟到路上流浪，才能看到它真正的模樣」[1]的味道。他說曾有一個罹患肺栓塞的無家者，早早寫了張「不要急救」的紙條塞在褲子口袋，跟老張哥說萬一哪天出事，千萬別把他救活。

有天早上老張哥照例繞著車站周邊查看有無異常，遠遠瞧見一個白襯衫西裝褲的上班族，包包一把扔在路旁，袖子捲到上臂，奮力跪著用盡全身的重量幫肺栓塞的無家者做心肺復甦。那身影太賣力，近乎虔誠，老張哥怔了一下，沒說什麼，拿出手機幫忙叫了救護車，再遠遠拍下上班族身影，傳給社工，幾句話簡短告知有人命危。幾分鐘後來了兩臺救護車，一身白色隔離衣的醫護人員把人抬走，再沒回來過。

無家者在黑暗中醒來，比城市其他角落的作息還早得多。冬日早晨天色濛昧，總有幾個人怎麼也叫不醒了。「天氣冷，喝醉睡著，沒注意保暖，一晚上過去心臟受不了，就死了。」老張哥痛恨酒精帶來的各種後果：鬧事、猝死。「這都是命運。」冬日裡常有無家者心肌梗塞，「有時問他們不舒服要不要去醫院，他們說不要，隔天人就走了。」老張哥聳聳肩：「如果前一晚去醫院，結果會不一樣。」唯一慶幸的是，風吹草動瞞不過街邊的「室友」、巡邏的保全這麼多雙眼，在街上倒下，用不著幾小時便能被發現，還不至於被遺忘。

但倘若是租屋後死在家，天氣還冷的時候，屍體往往能擺上一個月都不會被鄰人知曉。直到腐爛的肉塊和分泌出的屍水、屍油浸透了地板上散亂的物品，床墊、衣服等纖維織品吸足腐

1 引自《阿拉斯加之死》，作者 Jon Krakauer，一九九七年在美國出版。一九九二年，阿拉斯加一輛廢棄巴士裡被發現一具男屍，作者透過死者的日記、信件和書籍，試圖還原死者為何獨自走向曠野。

臭的味道，濃郁的分子在室內飽和到了臨界點，才終於循著縫隙洩露死亡的訊息。放得久的，有些被老鼠啃食，掀開床墊，會發現底下幾隻飽餐後暴斃的嚙齒類。不過若是溽暑，那味道連三天都藏不住，馬上便有人破門而入。

有經驗的消防員遠遠還沒聞到味，光看哪個房門鎖頭上有蒼蠅進出，就知道「是這間」。味道也能辨識出究竟死的是人，還是動物；裡面的人究竟是往生了，還是吊著一口氣。資深的社工形容：「還活著，只是身體有傷口爛掉，那味道比較像乾掉的血水。」死屍的氣味則近似在烈日下曝晒的海鮮，佐以腐敗的雞蛋，再混合些許沒了殼後乾扁的寄居蟹，「和腐爛傷口比，屍體的話，氨的味道比較明顯。」社工第一次的孤獨死探訪，心裡還沒做好準備，比死老鼠更加暴力的氣味已鑽進鼻腔，接著下探至脾胃，還沒來得及反應，身體便反射性地嘔吐，眼淚鼻涕齊流，來回應這記味覺重拳。「我第一次去，聞到那味道趕快躲去樓梯間大抽菸，消防員他們很厲害，已經習慣了，眼睛都不眨一下，就走進去了。」社工瞇了瞇眼，「我現在也沒什麼感覺了。」

血水和屍油被稱為「汙染源」，看著分布的位置和狀態，多少能判定往生者最後一刻的軌跡：倒下之處若在浴室，想來是步出浴缸時滑了一跤，再也站不起；屍水和血水的印子摁壓在飯廳，興許是氣溫陡降時心臟揪了起來，還沒倒上一杯溫水便闔上了眼。

腐爛的氣味經過處理，只剩一絲腥臭，和滿地的暗紅液體，曾經參與過幾次孤獨死的房屋清潔志工團，現場的驚嚇感，很快會隨著無止盡打包遺物和搬運垃圾的循環勞動而逐漸消退。反而是某天深夜志工團群組叮叮咚咚地響了起來，一個南部的案件，汙染源大面積流淌在木地板，時日已久，木頭吸飽血水，「要整個拆開來清潔。」工頭接著說：「身體內若脂肪含量高，血水不容易凝固。」深更半夜志工群被這突如其來的科普知識擊潰，眾人紛紛懺悔，誓言明天起要開始運動健身增肌減脂。

死亡也暴露了老齡貧窮者生活中各種惡趣味。有的是住在老公寓的頂樓加蓋，三坪大小的房子收納了往生者的寶貝，地板上還擺滿寶特瓶，瓶裡裝著死者的尿液，得踮著腳凌波微步，才有辦法在室內穿梭；也有人喜好將舊書報雜誌疊得頂天立地，鐘乳石一般矗立在幾坪小室內，底部的書報被血水浸潤，看起來搖搖欲墜，洞穴即將塌毀。還有個往生者，海報、雜誌封面用透明膠帶一層一層牢牢黏貼在牆面，得在牆上摸索一番，找著膠帶頭後才有辦法撕下這層壁紙。壁紙底下是滿牆的字，還有塗改的痕跡，劃掉咒罵，再補上新的惡毒用語，裡面細數與枕邊人的齟齬，和他對這段親密關係的怨恨。

祕密此時已不值錢，生命的重量則是交給廢棄物清運車來衡量。二〇二〇年民間清潔公司一車、一噸的清運量，價格逼近一萬元，到了二〇二三年，一車已破萬。有時家屬討價還價，只想付一車的錢，遺屋處理業者只能盡量把較輕的廢棄衣物塞上車，避免超重罰款。剩下上不了車的，就得家屬自己想辦法扛上垃圾車。

我曾聽遺屋清潔的工作人員感慨：「沒有人是孤島。」即便是路上的無家者、孤獨死的老人，生命結束之後，不代表「燒一燒灑到海裡」即可——郭志祥說，想要灑到海裡，也要跟地方政府申請，然後安排出航時程。可不能自己往海裡一倒了事——遺物整理、喪葬安排，全都牽涉到其他人，即便是沒有親屬的個案，都會由地方政府出面，舉辦聯合公祭，送走最後一程。

第二殯儀館的聯合公祭，有時一次五個、有時八個往生者，照片排排站，擺滿堂前，外頭簽到處也是好幾張名牌，來參加公祭的親友得對照著名牌，才找得到逝世親友的簽名欄位。門口的花籃全是喪葬管理處敬贈，兩邊液晶螢幕裡還有政治人物給的電子輓聯。

我坐在靈堂最後頭，看著一個場地同步上演好幾個人的喪禮，第一個死者，還有不少親友到場，但時間緊迫，只得這邊在家屬答禮，那邊去瞻仰遺容，前面親友還挽著手互相拍背安慰，後頭三個師姐已正在著裝，忙著幫彼此掛上耳麥，等著待會替其他死者誦經。坐在後頭的師父也算準時機站起身，一把將引魂幡塞進家屬手裡，領著一行人將棺材封釘，往火葬場去。

沒有親人到場的死者，就由三位師姐誦經，念完後司儀對著空蕩蕩的廳堂說：「感謝大家今天抽空前來……。」再交由喪葬處人員代表行禮，就算禮成。

郭志祥總覺得那樣的喪禮像個雜燴，這邊拜佛祖、那邊拜耶穌，人也走得太匆匆。他想要善願的每個個案都有獨立的靈堂和塔位，他說也許個案在世時過得並不如意，但人生最後一程，在社工和善願的協助下，總能「體面」一些地走。

靈堂布置妥當，郭志祥今天手上的死者是個獨居老人，多年前離家後幾乎沒有與兄弟往來。「前幾年老母親住長照機構，兄弟姊妹為了錢的事大吵一架。老母親過世後，只剩死者和死者哥哥有去告別式。」

站在靈堂外的郭志祥，下巴朝堂內佝僂著腰的老人點了點，那是往生者的哥哥，白髮人送白髮人。郭志祥本以為這天會來參加喪禮的只有往生者哥哥一人，沒想到來了兩車，哥哥帶著妹妹、妹夫，還有自己的兩個女兒、一個女婿和孫女們現身，靈堂站不下這麼多人，妹夫和女婿退到外頭話家常，讓喪禮稍微有了點人味。

老母親過世沒多久，往生者也因為肺癌住進安寧病房，身邊只有社工會去探訪。剩下最後一口氣前，死者請社工找來哥哥，想見見最後一面。哥哥最後的允諾是為弟弟辦一場喪禮，但支付完靈骨塔等費用後，哥哥也感覺手頭有些緊張。社工不想哥哥留下遺憾，因此找了郭志祥幫忙，讓哥哥能體面地送弟弟最後一程。

「我聽社工說老母親過世時，就只有他們兄弟倆到靈堂捻香，往生者也是孝順啦。」郭志祥一邊用手指理了理頭髮，一邊壓低聲音：「這哥哥也是有情有義，所以我們除了幫他協辦喪禮，協會還會給他一些慰問金當補貼。只給他而已其他親屬沒有。」

儀式有效率地推進，哥哥低著頭隨誦經師父的指示或屈身或捻香，身側兩個女兒和孫子們不時伏下身跪拜這位幾乎沒見過面的叔叔。誦經的聲音和行禮跪拜交錯進行。

「我也只見過死者三次。」靈堂外，哥哥的大女婿有些手足無措和百無聊賴，「前二次見是在醫院，第三次就是這次。」雖是親戚，但彼此的關係卻如光年外。說來荒謬，一個人漫長的生命經歷裡，總學著和親人朋友告別，為對方前往人生另一個階段送行，卻從沒學過該怎麼面對陌生親戚的喪禮，也沒學過得用什麼表情來面對這場景，既無法表現得悲傷，也不能太過稀鬆平常。大女婿只能偶爾和身邊其他親戚隨意搭上兩句話，要對方過年過節到家裡坐坐。站得不耐煩了，便乾脆拿出手機和我閒聊，分享起妻子教瑜珈的照片，讚嘆妻子雖已有年紀，但仍然身材勻稱筋骨柔軟，邊翻著手機照片邊說：「她都教貴婦。只是最近疫情停課，她就在家自己練。」

儀式終於告一段落，死者的哥哥牽著女兒的手步出靈堂，大女婿跟旁人點點頭，示意稍後再聊，趕忙收起手機迎了上去。

這一處殯儀館沒有設置火化場，死者還得載去山上才能燒成灰。喪禮把哥哥折磨了一場，他看上去又更老了一圈，在女兒攙扶下緩緩坐上載著棺木的靈車，帶著了卻心願後的疲憊雙眼盯著棺木不語。其他人分坐兩臺汽車，跟在靈車後面。車子發動，依序駛離，白衣黑褲的工作人員在後方向車隊行了個禮。車道上推著推車的工作人員來去匆匆，四、五臺推車，有的上頭端坐著一尊半身大小、一臉從容微笑的佛祖像；有的是成堆如臉盆一般的花圈。

車隊駛出視線，白衣黑褲的男子隨即拉著金黃桌巾的四角，一把包裹起桌上的燭臺花瓶，打了個活結，再將包裹扔進行李箱闔上、鎖好，其中一人蹙眉瞥了下腕錶，像極了愛麗絲夢遊仙境裡那隻趕著赴約的白兔，靈堂已收拾妥當如白紙一張。又有一臺車駛來，走下另一批白衣黑褲的工作人員……。

後記

春天又來了。老張哥傳訊息告訴我，他幾個月前做了心導管手術。

「需要休息復健一段時間嗎？」我以為他會被醫生勒令，待在家裡。

「不用！」他倒是手術一結束，隔天又去臺北車站繞繞。

離家多年，他終於和妻子見上一面，對方見著老張哥，開口第一句是：「你變好老。」老張哥不甘示弱：「妳也是老了。」

我問他何時打算回家看看孩子、孫子，他說時候到了再通知我，接著馬上顧左右而言他。

我們聊起前幾晚在車站外打架的無家者。車站三天兩頭就有鬥毆事件，為的大多是一些旁人看來不值一提但對雙方來說至關原則的事。

「一個喝醉的老頭把人打得頭都破了。」他拿出手機錄影的畫面給我看，被打的無家者用哭腔和略帶大舌頭的語調對著鏡頭埋怨睡到一半被攻擊，我笑說：「被打的也喝醉了吧，話都說不清楚了。」

「這人本來就有大舌頭啦。」老張哥笑著說，我不好意思地吐吐舌頭。

熱愛工作的文叔病倒了，整個人瘦了好幾圈，原先合身的衣服變得鬆垮，問他生了什麼病？

「不跟你說，很可怕的，說出來嚇死你。」

「你說。」我再追問。

「肺腫瘤。」

他有天覺得暈眩不舒服，到醫院檢查，「跟我說肺部有陰影。」文叔感慨一無所知時人最有勇氣，知道了身體出問題，精神都垮了，撐不起來。醫生問他做不做切片檢查，他拒絕，拿著醫生開給他的一大把藥，「我現在全身痛，走路走到一半胸口痛，要趕快壓住，」止痛藥只能暫時壓抑深入骨髓的痛感，「這個病就是讓你難過，各處都在痛。」手上幾個零工都陸續暫停，靠老本過生活。

他走出派工站抽菸，肩膀傾斜一邊，呈現一個明顯的高低起伏。文叔以前一天二包菸，現在抽五根，「抽個感覺，我都吸兩口就扔了。」他說自己想戒菸了，「我還想活下去。」

文叔不愧是派工站裡最能以意念戰勝年紀的人，他說若是年輕時得病，只怕不想活也不敢活了，但現在快到七十歲，偶爾回想人生總有諸多後悔，反而不是能輕言放棄生命的時候。「想辦法跟這個痛共存，之後好一點，還可以工作的話，我也會繼續工作。」

他頓了頓，說起幾個月後要住院治療肺積水，入院前還得想辦法聯繫上幾個孩子，告知一下身體狀況和交代房裡的東西該怎麼處置。他手中把玩著一個廟裡求來的平安符，「社工給我的，她聽說我病了，去幫我求來的。」

身體健康是老齡受訪者身上的不確定因素。有次去志學的家裡找他，他躺在床上起不了身，說是已經頭昏兩天，但熟悉的社工返鄉，一時找不到人協助。我拉著他趕緊下樓，三層樓的樓梯對他來說簡直是遊樂園裡的雲霄飛車，志學腳下虛浮，拐彎時得抓緊扶手慢慢伸出腳尖試探階梯是否穩固，才能踩出一步。

計程車開到醫院門口，新冠肺炎期間醫院管制森嚴，救護車、擔架堵在門口，上頭躺著滿臉鮮血，頭頂纏著紗布的車禍傷者。

好不容易等到看診，醫生說志學肺部有些感染，需要住院幾天。志學皺著眉躺在走廊上的病床，嚷嚷著不想活了，活著也沒意思。下一秒他手機響起，朋友來電，兩人視訊聊了一陣。
談起前幾日在阿公店認識的小姐……。

參與這些頗為私人的時刻，總會讓我稍稍篤定，感覺受訪者和我的距離近了些，採訪者的身分難免讓受訪者擔憂該選擇怎樣的面目向我展現，而這些「後臺」時刻，多少反映他們願意在我面前暴露一些私人的情感或生活，把我這個外來者視為理所當然。

有一陣子街頭成了我最熟悉的地方，走在臺北市西區老舊樓房間的蜿蜒巷弄裡，不再會手心冒汗，反而有種安心感。生活的限制並未把他們變得狹隘，那些樂於分享與互助的良善仍在。受訪者慷慨地向我展示他們生活裡的不堪，讓我陪著他們穿梭醫院、律師事務所、法院和靈堂，帶我理解貧窮的生活如何處處碰壁。關注貧窮議題的組織、社工領著我走訪他們實務工作的現場，讓我親見有人在為隨時會傾塌的世界，盡一份力去維持平衡的模樣。

人的處境和抉擇在此變得立體，不再只有單一面向的解釋。這個世界習慣將個人的現況歸咎於努力與否，留在街頭的人被視為好吃懶做，即便實際上多數無家者都有工作，只是生活的成本早超過勞動報酬，光是租屋市場的價格因為買房成本增加，買不起的人湧入租屋市場，讓租金連年翻漲，一路向下擠壓，導致最底層的老齡貧窮者更難有個遮風擋雨的租處，而低廉的公共住宅卻又離他們太遠，這些結構性因素導致人很難脫離街頭。

而社福資源的各種遊戲規則，搞得大家暈頭轉向，逼得親子對簿公堂。為了符合申請資格得在行政和司法系統間來回奔波，有時還可能徒勞無功。制度的迷宮，同樣造成許多早應該獲得國家資源，卻被規則排除的弱勢只能依靠社會的善心過活。

這幾年關注貧窮議題的民間團體預備向立法部門進軍，倡議修改《社會救助法》，呼籲取消「虛擬所得」，和「家戶所得」列計直系血親——不論是否同住、是否有彼此扶養事實——等早和現實脫節的規定。同時也有許多共同居住的實驗性計畫，企圖為老齡貧窮者尋找居住地，像是崔媽媽基金會，以民間團體的力量做弱勢者的「二房東」，為房客連結居住、社福、醫療等資源，不只管有房住，還管裡頭的人能否好好生活。好在有這麼多組織與個人在貧窮議題的討論上鋪墊充實的基礎，讓我能快速地理解這些議題的各種眉角。

關注貧窮並非只是在談論「他人」的故事，因為貧窮距離我們不過咫尺，尤其當青年貧窮越來越嚴重，持續勞動只剩窮忙時，每個人都可能是未來老齡貧窮大軍的一員。而當一個人窮得只剩街頭足以容身，社會承載的成本反而比把一個人安放在居所裡更加巨大，例如街頭的人健康惡化速度快，善後的醫療支出遠比預防他們健康下滑來得高昂，且這些成本最後仍然是落到每個人肩上。或許只有理解到我們與他們是如此接近與相似，與他們的連結不如想像的遙遠時，同理才成為可能，往前一步的改變才有機會。

老窮奇幻紀事

臺灣底層社會的崩壞人生與求生邏輯

作　　者：呂苡榕
責任編輯：王君宇、林芳瑀
責任企劃：藍偉貞
整合行銷：何文君
校　　對：李玉霜

執行總編輯：張惠菁
副總編輯：陳信宏
總　編　輯：董成瑜
發　行　人：裴偉

攝　　影：呂苡榕、翁睿坤、鄒保祥、蘇立坤
裝幀設計：張巖
內頁排版：宸遠彩藝工作室

出　　版：鏡文學股份有限公司
114066 臺北市內湖區堤頂大道一段 365 號 7 樓
電　　話：02-6633-3500
傳　　真：02-6633-3544
讀者服務信箱：MF.Publication@mirrorfiction.com

總經銷：大和書報圖書股份有限公司
248020 新北市新莊區五工五路 2 號
電　　話：02-8990-2588
傳　　真：02-2299-7900

印　　刷：漾格科技股份有限公司
出版日期：2024 年 4 月 初版一刷
I S B N：978-626-7440-07-0
定　　價：420 元

國家圖書館出版品預行編目 (CIP) 資料

老窮奇幻紀事——臺灣底層社會的崩壞人生與求生邏輯/呂苡榕作. -- 初版. -- 臺北市 : 鏡文學股份有限公司, 2024.04
304面 ; 21X14.8公分. -- (MO ; 31)

ISBN 978-626-7440-07-0 (平裝)

1.CST: 貧窮　2.CST: 社會問題
3.CST: 通俗作品 4.CST: 臺灣

548.16　　113003410